Andreas N. Graf

...
Auswandern – Light!
...

Mit kleinem Geldbeutel über den großen Teich

Copyright Text © Andreas Graf 2017
Alle Rechte vorbehalten.
Coverbild: Chambers, Charles Edward:
Detail of World War I era poster in Yiddish to encourage food conservation, 1917
(Public Domain)

Herstellung und Verlag: BoD - Books on Demand, Norderstedt

ISBN 978 3743 1902 52

INHALT

1. Warum auswandern? Drei Gründe, eine Lust. 6
2. Warum gerade die USA? 11
3. Bedenken? Jede Menge! 17
4. Papiere bitte! 20
5. Wege zur Green Card... 24
6. Umzug 28
7. Flug, Shuttle, Mietwagen, Motel 40
8. Flugtickets und Flugzeit 42
9. Schlussstriche ziehen! 44
10. Where to? Freunde, Verwandte, Vermieter oder gleich die eigenen vier Wände? 46
11. Immobilien mieten oder kaufen 49
12. Schnäppchen- und Schnippchenhäuser 57
13. Credit score 62
14. Zahlen bitte! 63
15. Banking 65
16. Grocery shopping 66
17. Utilities: Strom, Wasser, Heizung, Telefon, Internet 68
18. Eselsbrücken für Maße, Gewichte, Temperatur 75
19. Steuern 78
20. DMV 80
21. Autoversicherung 81
22. Der fahrbare Untersatz 82
23. Günstige Erstausstattung 87
24. Geldverdienen als Aussteiger? 91

25. Besonderheiten im Umgang
mit dem Amerikaner in freier Wildbahn   103
26. Budgetplanung   110
27. Was kostet der Sprung in die Neue Welt?   115
28. Auswandern?
Ein kleineres Unterfangen als es den Anschein hat   118
29. Was das Auswandern mit einem macht.
Noch ein ehrliches Wort zum Ende   119
30. Erste und zweite Hilfe   123

„Warum in die Ferne schweifen, wenn das Gute doch so nah?"

„Ja, warum denn nicht?"

1. Warum auswandern? Drei Gründe, eine Lust.

Ende 2016 hat die Familie Graf einen Flieger nach New York bestiegen und der alten Welt den Rücken gekehrt.

Der Abschied fiel uns schwer, doch die Gründe, die uns zum Sprung über den Teich trieben, wogen schwerer. Neben einigen Kleinigkeiten, die zunehmend störend in unseren sonst sehr entspannten Alltag eingriffen brachte uns vor allem der in Deutschland herrschende Schulzwang in Verlegenheit, bzw. er würde uns in Verlegenheit gebracht haben, wären wir ihm nicht entgangen. Unser Großer wird dieses Jahr (2017) sechs. Ab diesem Zeitalter ist der Besuch einer Schule, d.h. die physische Anwesenheit in einem entsprechenden Gebäude, gesetzlich verpflichtend. Diese Art strikten Schulzwangs gibt es meines Wissens nur in Deutschland und in Schweden. Der Rest der zivilisierten und unzivilisierten Welt beschränkt sich auf Gesetze, die Beschulung oder Bildung zwar zur Pflicht erklären – womit ich übrigens vollkommen einverstanden bin –, die konkrete Erfüllung dieser Pflicht aber bitteschön den Eltern und Erziehungsberechtigten überlassen, die ja das größte Interesse am Wohl ihres Nachwuchses haben und dessen Potentiale, Stärken, Schwächen und Neigungen am Besten kennen. Ich möchte an dieser Stelle keine Diskussion über Sinn und Unsinn von Homeschooling vom Zaun brechen. Ich denke, dass die Situation der Eltern und die Bedürfnisse ihrer Kinder jeweils so individuell ist, dass man ohnehin kein pauschales Urteil fällen kann. Für die einen mag der Besuch einer staatlichen Schule großartig funktionieren, andere bevorzugen vielleicht alternative Schularten wie Waldorf oder Montessori und wieder andere gehen ihre ganz eigenen Wege. Ich glaube aber, dass die Entscheidung über die Bildung der Kinder in der Hand der Eltern liegen sollte, die diese Kinder in die Welt gebracht haben und sie normalerweise mehr als das eigene Leben lieben. Natürlich ist einzuräumen, dass manche Eltern aus welchen Gründen auch immer nicht die Fähigkeit oder den Willen haben, ihre Kinder entsprechend zu fördern. Hier sollte das Auge der Öffentlichkeit durchaus wachsam sein und ihre Hand energisch eingreifen, wenn das Wohl des Kindes und der Allgemeinheit vorsätzlich oder durch Nachlässigkeit bedroht sind. Man hat als soziales Lebewesen eine Pflicht, seinen Nachwuchs für ein Leben in der Gesellschaft vorzubereiten. Anstand, Ehrlichkeit und Disziplin sind daher unabdingbar. Wo ein Kind verkommt – ob zuhause oder in einer öffentlichen Einrichtung – wird der Gesellschaft wie der betroffenen Person ein irreparabler und inakzeptabler Schaden zugefügt. Homeschooling, um es herunterzubrechen, sollte erlaubt sein, aber gleichzeitig auch überwacht und gegebenenfalls reglementiert werden – ich vertrete eine gemäßigte Position in dieser Sache.

Was unsere Entscheidung anbelangt, die Kinder zumindest die ersten Jahre zu Hause zu unterrichten, bis sie reif genug sind, selbst die Art und Weise ihrer Ausbildung zu bestimmen, so ist sie uns nicht leicht gefallen, noch haben wir sie uns leicht gemacht. Ich persönlich habe viele Gespräche mit meinen Kindern und meiner Frau, mit Befürwortern und Gegnern des sog. Homeschooling geführt, habe Bücher zu diesem Thema gelesen und etliche Mußestunden mit Studien und Nachdenken verbracht. Da ich in dieser Angelegenheit über das Schicksal meiner Kinder entscheide, habe ich mein Urteil mehrfach überprüft – immerhin werde ich ihnen gegenüber einmal Rechenschaft ablegen müssen und da sollen Herz und Verstand frei von allem Zweifel sein.

Aber genug davon. Heutzutage kann man ja über Vieles nicht mehr ruhig und maßvoll sprechen, sondern alles wird gleich zum Glaubenskrieg stilisiert und zur ideologischen Vendetta aufgeblasen. Wer eine andere Meinung als die öffentliche hegt, wird diffamiert und dämonisiert. Selbst ein so neutrales Thema wie Homeschooling zerreißt schon das Nervenkostüm manches Zeitgenossen. Wie dünnhäutig viele Menschen geworden sind.

Der zweite Grund, der uns zum Auswandern bewog, war das Bedürfnis nach mehr Frei- und Spielraum. Nicht das die Möglichkeiten in Deutschland selbstbestimmt zu leben, kleiner wären als in den USA. Deutschland ist ein großartiges Land, in dem es sich herrlich leben lässt. Aber schon die dichte Besiedlung bringt den Aussteiger an gewisse Grenzen. Aussteigen ist kein abschließbarer Akt, sondern ein Prozess, an und mit dem man wächst. Wir lieben unseren kleinen Garten, unser kleines Häuschen inmitten einer friedlichen Gemeinde voll freundlicher, uns wohlgesinnter Menschen. Doch bei aller Zufriedenheit spürt man doch in manchem Moment einen kleinen Stich am sensibelsten Punkt der Seele. Dieser Stich... er reizt das urmenschliche Gefühl zu wachsen, größer zu werden, zu reifen. In unserem Fall zielt das Sehnen nicht auf Besitz oder Macht, sondern auf ein Mehr an Freiheit, ein mehr an Platz, ein Mehr an Selbstständigkeit. Ich habe die fixe Idee (oder sie hat mich...) einen von der Außenwelt autarken Ort zu erschaffen, ein Utopia für meine Familie und mich. Ein Homestead, selbst gebaut auf eigenem Land, umgeben von wilder, unberührter Natur. Ich weiß, dass die Verwirklichung dieses Traumes einen guten Teil meiner Kraft beanspruchen wird. Auch ist mir bewusst, dass meine Lebensqualität, die ohnehin schon sehr hoch ist, dadurch kaum noch zu steigern sein wird. Trotzdem will ich es wagen. Es ist mir ein *echtes* Bedürfnis geworden. Ich beginne zu verstehen, was die frühen Siedler angetrieben haben muss. Denn nicht alle kamen, um der Not in ihren Heimatländern zu entfliehen. Sie kamen auch, weil sie von etwas Neuem und Größerem träumten. Sie wollten wachsen und wachsen kann nur, wer sich einer Aufgabe zu stellen bereit ist, die seine ganze Leidenschaft herausfordert. In Deutschland ist die Erfüllung dieses Traums aus zwei Gründen unmöglich. Erstens ist die Verfügbarkeit an Land begrenzt und die Preise entsprechend hoch. Unsere Ressourcen sind dagegen sehr spärlich. Zweitens gelten sehr strenge Regeln und Vorschriften, was das Bauen angeht. In den USA gibt es vor allem im mittleren Westen Land und Freiheit in Fülle. Für einige tausend Dollar kann man schon hektarweise Land erwerben und nach eigenem Gutdünken mit einem Häuschen bebauen. Natürlich wandern wir nicht aus, um sogleich ein Projekt dieser Dimension in Angriff zu nehmen. Zuerst müssen wir in der neuen Welt Fuß fassen und Einnahmen erzielen. Dann muss ich die entsprechenden Fähigkeiten erlernen, ein Haus zu errichten. Schließlich müssen wir erkunden, wie das Land funktioniert und wie wir in ihm als Aussteiger existieren können: Anpassung, Einbürgerung und vor allem die Vervollkommnung der sprachlichen Kompetenzen sind absolute Prioritäten. Aus diesen Gründen haben wir uns nach langem hin und her entschieden, zunächst in den dicht besiedelten Nordosten der USA auszuwandern, wo das Fußfassen und Eingewöhnen bedeutend leichter von statten gehen wird. Aber das ist nur ein erster Schritt, dem in ein paar Jahren hoffentlich ein zweiter gen (wilder) Westen folgen wird.

Der dritte Grund, warum wir auswandern, ist rein erfreulicher Natur: Schiere Abenteuerlust!

Ich liebe meine (einsame) Musezeit und mehr noch die unbeschwerten Stunden im Kreis meiner Familie. Glücklich bin ich in meinem epikureischen Garten, wo ich bei aller äußeren Behäbigkeit doch inwendig stets auf Reisen gehe, Grenzen ausforsche und Möglichkeiten konstruiere, die in die Tat umzusetzen mir erst zur Lust, dann zum Bedürfnis wird. Diese Grenzen sind meist innerer und intellektueller Natur. Ich arbeite mich durch eine Passage Plato oder Kant, ich versuche ein philosophisches Problem zu erforschen, einen bestimmten Gedanken oder Zusammenhang zu begreifen oder auch eine neue Frage zu finden. Immer auf Reisen, immer in Bewegung. Mein Weg von der sog. Mitte der Gesellschaft an ihren sog. Rand war ebenfalls eine Reise, ein Abenteuer. Und wie jedes Abenteuer hat sich auch dieses zunächst inwendig angebahnt. Erst bin ich im Kopf ausgestiegen, bevor nach einer gewissen Zeit, auch mein sichtbares Leben folgte. Immer legt der Gedanke – ob als bewusster Plan oder unbewusstes Begehren – den Grundstock für die Zukunft. Wie dem auch sei, die Herausforderung „Aussteigen light" habe ich zu *meiner* vollsten Zufriedenheit gemeistert. Doch was nun? War das schon alles? Gewiss nicht. Am sozialen Tellerrand zu leben, hat einen interessanten Nebeneffekt – es verändert die Perspektive. Man betrachtet zum einen die Gesellschaft als etwas, dem man zwar *irgendwie* anhört (angehören muss, angehören darf...), das einem aber auch irgendwie fremd ist. Deutlich spürt man den Sog in den Schoß der Gemeinschaft zurückzukehren (eine Karriere, Geld, ein Reihenhaus im Neubaugebiet, ein Neuwagen usf.). Gleichsam aber spornt einen die bereits überwundene Distanz zur Mitte an, sich noch weiter von ihr zu entfernen (mehr Freizeit, mehr bewusstes *Eigenleben*, mehr Unabhängigkeit usf.). Wer einmal Freiheit gekostet hat, wird süchtig nach ihr – so zumindest geht es mir und den Meinen. Die Vorstellung alles zurückzulassen, um in einem neuen Land ein neues Glück zu wagen, hat etwas zutiefst Romantisches und gleichsam Aufrüttelndes. Viele Abende sprach ich mit meiner Frau darüber. Die Weiten Amerikas, die noch mehr Freiheit versprechen, Abenteuer, Wagnis... Und immer endeten unsere Gespräche mit der Frage: „Warum eigentlich nicht? Was hält uns zurück? Der Job? Die Karriere? Die Kinder?" Immer mussten wir zur Antwort geben: „Nein, nichts hält uns zurück..." So wurde der *Traum* vom Auswandern zum wiederkehrenden Motiv unserer Gedanken. Es trieb uns um, wühlte, drang auf Verwirklichung. Warum nicht? Warum es nicht wagen? Schließlich wagten wir es.

Stets bilden Gedanken das Fundament der kommenden Wirklichkeit. Und so war es auch bei uns. Was fehlte, war der berühmte letzte Tropfen, ein konkreter Anlass. Diesen fanden wir in unserem Entschluss, unsere Kinder zuhause zu unterrichten und der rechtlichen Unmöglichkeit, dies in Deutschland straffrei zu tun. Der Wunsch zu Wachsen und die Abenteuerlust bildeten die eigentlichen und durchaus positiven Motive. Sie sind die *treibenden* Kräften. Der Leser dieser Zeilen wird mich sicherlich verstehen, zumindest aber Verständnis für mich aufbringen.

2. Warum gerade die USA?

Hausunterricht, mein *konkreter* Auswanderungsgrund, ist mit Ausnahme von Deutschland und Schweden in jedem anderen Land Europas problemlos möglich, wobei die zu beachtenden gesetzlichen Vorgaben teils stark voneinander abweichen. Eher liberal wird der Hausunterricht in Großbritannien und Irland gehandhabt; recht regressiv sind dagegen Österreich und Italien; juristisch unklar ist die Lage in Spanien oder Griechenland. Wie dem auch sei, haben wir uns nach reiflicher Überlegung für die Vereinigten Staaten und damit für einen anderen Kontinent entschieden. Diese Entscheidung scheint erklärungsbedürftig.

Warum in die Ferne schweifen, wenn das Gute doch so nah? Europa ist ein kulturell immens diversifizierter Raum. Wer die Herausforderung sucht, in einem fremden Sprach- und Kulturkreis Fuß zu fassen, muss nicht gleich über den Teich in eine neue Welt springen, wenn Italien, Frankreich, Norwegen, Polen, Ungarn usf., praktisch vor der Haustür liegen. Europa ist ein Kontinent vieler Kulturen, Sprachen, Klimaten und Landschaften – eine ganze Welt in einem verhältnismäßig überschaubaren Raum verdichtet. Zudem spart sich, wer auf Europas Scholle verweilt, die wenig erfreuliche Bürokratie, was das Beschaffen notwendiger Aufenthaltsgenehmigungen, Arbeitserlaubnisse usf. anbelangt. Man kann praktisch überall sesshaft und beruflich tätig werden, ohne viel leidigen Papierkram über sich ergehen zu lassen. Weiterhin kann man eventuell in Frage kommende europäische Auswanderungsziele recht problemlos mit Auto, Bahn und Fernbus bereisen und die jeweiligen Lebensbedingungen vorab zuverlässig erkunden. Das ist im Fall der USA schwieriger und vor allem kostspieliger.

Gegen Europa sprach für uns die momentan recht heikle, wirtschaftliche und leider auch geopolitische Situation. Insbesondere die kritische Lage auf den Arbeitsmärkten potentieller Auswanderungsziele (in meinem Fall: Spanien, Portugal, Griechenland, Italien, Frankreich) schreckten uns ab. Am Ende bestimmen die jeweiligen Notwendigkeiten, Sachzwänge oder, wie in unserem Fall, schlicht persönliche und gewiss sehr subjektive Präferenzen das Traumziel. Was dem einen wie ein Paradies erscheint, mag für den anderen die Hölle sein und umgekehrt. Wir haben uns für die USA aus folgenden Gründen entschieden:

1. *Ein Land mit vielen Gesichtern.* Die USA bedeckt einen guten Teil Nordamerikas, ein Kontinent mit ganz verschiedenen Klimazonen genau wie Europa. Und noch eine Gemeinsamkeit gibt es: Innerhalb dieses Kontinents kann man sich ebenso frei bewegen wie in Europa. Zwischen den warmen Stränden Floridas und dem skandinavisch kühlen Maine liegen „nur" 24 Autostunden, die man auf einem durchgehenden Highway (der Route 1) in zwei Tagen bewältigen kann. Einige Rentner verbringen ihren Ruhestand in komfortablen RV´s (Recreational vehicles, d.s. sehr große Wohnmobile). Den Sommer über halten sie sich im Norden auf, den Winter verleben sie im Süden ganz wie menschliche Zugvögel. Ob man Berge liebt, das Meer, endlose Wälder, die Weiten der Prärie, ob es einen in die beschaulich-gemütlichen Dörfer und Kleinstädte Neuenglands zieht oder in pulsierende Supermetropolen wie New York oder Los Angeles – für jeden Geschmack ist etwas dabei.

2. *Ein Staat für jeden Lebensstil.* Wie der Name schon sagt, handelt es sich bei den Vereinigten Staaten um ein Gebilde, das eher der europäischen Union als einem homogenen Nationalstaat gleicht. Zwar haben die USA ein gemeinsames rechtliches Fundament, die Verfassung und darauf ruhend das Federal Law, die Bundesgesetze, doch die individuelle juristische Gestaltungsfreiheit der einzelnen Staaten ist nichtsdestotrotz sehr groß. Für den Aussteiger-Auswanderer ist u.a. die steuerliche Seite interessant. Je nachdem, was für eine Art von Einkommen man generiert, bzw. wie man sein Leben einzurichten gedenkt, kann es sich durchaus lohnen, in dem einen oder anderen Staat zu verweilen. Nur um ein Beispiel zu nennen: Homeschooling ist in allen Staaten legal. Die jeweilige Regulierung weist aber teils massive

Unterschiede auf. Während in Kentucky oder Connecticut ein einfache Mitteilung an die Adresse der jeweiligen lokalen Schulbehörde genügt – Hallo, wir unterrichten unsere Kinder zuhause. Schönen Tag noch! – müssen in New York oder Maine regelmäßige Leistungsproben abgelegt werden. Wer bei diesen mehr oder weniger willkürlichen „Proben" versagt, kann das Recht einbüßen, sein Kind zuhause zu unterrichten. Ein weiteres Beispiel sind Steuern: Manche Staaten finanzieren sich eher über die Sales Tax, d.i. das Äquivalent unserer Mehrwert- bzw. Umsatzsteuer. Andere konzentrieren sich auf Unternehmensgewinne, Eigentums- und Vermögenssteuern oder Einkommenssteuern. Je nachdem, wie man seinen Lebensunterhalt verdient, d.h. aus welchen Quellen man sein Einkommen generiert, kann man sich den entsprechenden Staat mit den jeweils bestmöglichen steuerlichen Rahmenbedingungen aussuchen, wenn diese Wahl denn überhaupt gegeben und man nicht von vorneherein an einen Ort gebunden ist. Ich füge hier zur Orientierung eine Aufstellung zum Überblick an (Quelle: Wikipedia, Bloomberg, Kiplinger):

Income tax
(individuelle Besteuerung)

Schlechte Staaten

California   (2.23-11.54%, Durchschnitt: 10.40%)
New Jersey   (1.55-8.15%, Durchschnitt: 7.21%)
Vermont   (2.56-8.65%, Durchschnitt: 7.98%)
Minnesota   (3.92-9.57%, Durchschnitt: 8.91%)
Hawaii   (5.63-10.68%, Durchschnitt: 9.99%)

Gute Staaten

Wyoming   (0.00%)
Alaska   (0.00%)
Florida   (0.00%)
Nevada   (0.00%)
Texas   (0.00%)

Sales tax
(Basissteuersatz)

Schlechte Staaten

California	(7.25%)
Indiana	(7.00%)
Mississippi	(7.00%)
Rhode Island	(7.00%)
Tennessee	(7.00%)

Gute Staaten

Alaska	(0.00%)
Delaware	(0.00%)
Montana	(0.00%)
New Hampshire	(0.00%)
Oregon	(0.00%)

Property tax
(real estate only; effektive Abgaben, d.h. Steuer in % vom echten Marktwert der Immobilie, ihrem fair value.)

Schlechte Staaten

New Jersey	(2.38%)
Illinois	(2.32%)
New Hampshire	(2.15%)
Connecticut	(1.98%)
Wisconsin	(1.96%)

Gute Staaten

Hawaii	(0.28%)
Alabama	(0.43%)
Louisiana	(0.51%)
Delaware	(0.55%)
District of Columbia	(0.57%)

Das Ergebnis dieser Übersicht könnte sich auf die Wahl der neuen Heimat wie folgt niederschlagen –

wieder vorausgesetzt, dass man tatsächlich eine Wahl hat:

Personen mit hohem, steuerpflichtigen Einkommen leben besser in Staaten mit niedriger oder keiner individuellen Einkommensbesteuerung. Die meist höheren Sales und Property taxes können sie vergleichsweise leicht aufbringen.

Personen mit niedrigem Einkommen leben besser in Staaten mit niedrigen Sales und Property taxes, da sie mehr von ihrem Einkommen für den notwendigen Konsum frei haben. Dies gilt selbst in Staaten mit hoher Einkommenssteuer, denn auch dort sind Personen mit niedrigem Einkommen oft steuerfrei bzw. werden nur minimal besteuert.

Die Rechnung ist indes nicht ganz so einfach. Ein unberücksichtigter Faktor ist die Verfügbarkeit von Jobs und deren jeweilige Vergütung. Wer ein abhängiges Beschäftigungsverhältnis eingehen muss, um aus diesem seinen Lebensunterhalt zu finanzieren, dem hilft es wenig, sich in die Mitte von Kentucky abzusetzen, wo das Gras grün und die Steuern niedrig sind. Aller Wahrscheinlichkeit nach wird er dort nur mit Mühe Jobs finden, und dazu vielleicht nur solche, die ein vergleichsweise niedrigeres Einkommen generieren, was dann die niedrigere Steuerlast wieder relativiert. Man muss, was die Wahl seines Wohnortes angeht, sehr genau die eigenen Präferenzen, die jeweiligen Lebensumstände und die herrschenden Sachzwänge berücksichtigen.

3. *Land der Möglichkeiten.* Ob das Sprichwort vom „Tellerwäscher zum Millionär" heutzutage noch Bestand hat, ist zweifelhaft, wenn es überhaupt je in dieser Form gegolten haben sollte. Dennoch bieten die USA einen großen ökonomischen Entfaltungsspielraum an. Sehr leicht öffnet man ein Geschäft, vermietet Immobilien (Landlord, also berufsmäßiger Vermieter ist hier eine Profession, die nicht allein den Reichen vorbehalten ist!), handelt mit Aktien, sucht sich einen Job usf. – bzw. macht seine Entscheidungen mit gleicher Leichtigkeit wieder rückgängig. Die Menschen hier neigen dazu, im Laufe ihres Lebens viele verschiedene Dinge

auszuprobieren und in vielfältigen Geschäften involviert zu sein. Staatliche Regulierung existiert, wird aber insgesamt laxer als in Deutschland gehandhabt; die Behörden arbeiten hier weniger streng – schlagen sie aber zu, dann tun sie es hart und unnachgiebig.

4. *Englisch – die universale Sprache.* Sie ist ein eindeutiger Vorteil im Vergleich zu Europa, wo man es auf relativ begrenztem Raum mir sehr vielen und sehr unterschiedlichen Sprachen zu tun hat. Man kann nicht ohne Weiteres in Polen leben und arbeiten, dann nach Frankreich gehen, darauf ein Jahr in Norwegen verbringen, um sich dann nach Griechenland oder Italien abzusetzen – ohne ein Sprachgenie zu sein. Wir sprechen freilich nicht von Urlaub, sondern von Leben und Arbeiten. In den USA braucht es dagegen nur eine, bzw. zwei Sprachen – in einigen Teilen des Landes wird mittlerweile vornehmlich Spanisch gesprochen. Mein Englisch ist recht akzeptabel. Ich spreche fließend, wenn auch mit hartem deutschen Akzent. Letzteres stört hier übrigens niemandem. Einwanderern gegenüber ist man generell freundlich und aufgeschlossen. Die meisten Amerikaner sind sich ihrer eigenen Wurzeln in Europa, Asien oder Afrika durchaus noch sehr bewusst. So kann man mit Nachsicht und Unterstützung rechnen, wenn man versucht, sich zu integrieren, d.h. die Sprache sprechen und die Sitten und Gebräuche des Landes respektieren – meiner Meinung nach eine Selbstverständlichkeit für jeden Immigranten.

3. Bedenken? Jede Menge!

Wer auswandert, sucht nicht nur eine neue Welt und ein neues Leben zu gewinnen, er lässt auch Vieles zurück. Bei aller Romantik übersehen viele Auswanderer, dass die USA keineswegs ein Schlaraffenland und das Auswandern keineswegs ein Spaziergang ist. Niemals sollte man sich blauäugig in solch ein Abenteuer stürzen, vor allem, wenn man als Familie geht. Wer dieses Buch liest, hat sich mit diesem Thema zweifellos schon einmal befasst und vielleicht sogar ein paar Reisen in die USA unternommen. Darum spare ich mir an dieser Stelle die Allgemeinplätze und beschränke mich auf jene Problemfelder, die wir – Aussteiger und Personen mit begrenztem Budget – zu bedenken haben.

An erster Stelle stand und steht freilich das leidige *Geld*. Davon brauchen wir nicht viel, aber ganz ohne geht es eben auch nicht. Die finanzielle Frage zerfiel bei uns in drei Aspekte. Zum einen das *Kapital*, das wir benötigen würden, um ein Haus zu kaufen, ein Auto usf. Zweitens die schwerwiegendere Frage wie wir ein stetes *Einkommen* generieren können, das unsere Lebensbedürfnisse deckt. Hieraus folgte der dritte Punkt: wie *teuer* das Leben in den USA im Vergleich zu Deutschland und mit welchen Kosten der Auswanderung selbst zu rechnen ist. Wir werden ausgiebig über diese Punkte zu sprechen haben.

An zweiter Stelle stehen die Möglichkeiten des *Gelderwerbs*. Vor allem mit begrenzten Sprachkenntnissen kann es durchaus eine Herausforderung darstellen, einen entsprechenden Job zu bekommen. In unserem Fall geht es allerdings nicht um einen Full-time Job, der eine wie auch immer geartete Karriere nach sich ziehen soll, sondern um die simple Befriedigung basaler Lebensbedürfnisse. Ich wandere nicht aus, um schlechter zu leben, als ich es in Deutschland tat. Man sollte sich nie bewegen, wenn die Bewegung eine permanente Verschlechterung zeitigt.

An dritter Stelle steht die Sprache, d.h. ihr Erlernen und Anwenden, und damit verbunden die Frage nach Wesen und Gestalt der *Assimilation*. Wer in ein Land auswandert, muss sich mit ihm identifizieren können und wollen. Ich mag hier einer Minderheit angehören, wenn ich meiner festen Überzeugung Ausdruck verleihe, dass der Immigrant in der Bringschuld steht. Er hat sich anzupassen und einzugliedern. Die erfolgreiche und zügige Assimilation ist die Voraussetzung, um materiell und ideell in der neuen Heimat wurzeln zu können. Assimilation bedeutet nicht, seine Identität aufzugeben, sondern sie in die neue Gesellschaft einzubringen, wo es angemessen und nützlich ist. Zum Beispiel meine „preußische" Arbeitsdisziplin, Pünktlichkeit und Effizienz sind Eigenschaften, die man an mir schätzt, die ich aber keineswegs von anderen als gegeben erwarten darf.

Viertens sind grundlegende *Veränderungen von Lebensumständen* zu bedenken, die man hier zu erwarten hat. Dieser Gedankenkomplex ist recht weit und äußerst situationsabhängig. Hierunter zähle ich solche Kleinigkeiten wie die Landeskost, die Weise, wie man zum Beispiel Rechnungen bezahlt oder Verträge schließt, wie das Einkaufen funktioniert, wie Behördengänge sich gestalten und so weiter. Dazu gehört aber auch der psychologische Einschlag, den die neue Umgebung ganz notwendig hat. Das Land verändert den Menschen, wie der Mensch das Land verändert. Manch einem wird es hier sehr gut gefallen, während ein anderer es ganz abscheulich finden wird. Ein wenig greife ich an dieser Stelle vor: Vieles ist in den USA anders, nichts aber wirklich fremd. Die europäische Prägung des Landes ist deutlich zu spüren und so findet man sich im Alltag auch recht schnell zurecht. Auf der anderen Seite fehlt Vieles, was vertraut war. Vor allem das (hoch-) kulturelle und soziale Leben erscheint unter einer für den Deutschen mithin fremden Gestalt. Der sommerliche Abendspaziergang durch eine pittoreske Innenstadt wird hier meist in Ermangelung pittoresker Innenstädte ins

Wasser fallen. Ebenso der Besuch des Straßenkaffees oder des Weinlokals. Dafür gibt es Starbucks, Vergnügungsmeilen und eine herrliche, teils unberührte Natur. Eine andere, eine neue Welt eben.

Die Bereitschaft sich anzupassen und eine positive Offenheit für dieses Neue und Fremde zu hegen, glätten viele der vermeintlichen Härten, die einem Immigranten ganz notwendig begegnen. Auf einzelne Punkte wie zum Beispiel Einkaufen oder Banking kommen wir gleich noch zu sprechen.

4. Papiere bitte!

Wer außerhalb der EU eine neue Heimat sucht, hat an zwei Enden Bürokratie und Ämterwahnsinn zu erwarten. Das angenehme Ende ist in diesem Fall das deutsche. Neben einem gültigen Reisepass und dem Packen obligatorischer Dokumente, die die eigene Existenz dokumentieren und beurkunden, braucht man für den Sprung über den Teich nichts. Was den legalen Aufenthalt in den USA angeht, sieht die Sache dagegen schon anders aus. Ich empfehle jedem Auswanderer dringend sich eine permanente Aufenthaltsgenehmigung zu beschaffen. Im Falle der Vereinigten Staaten ist das die sog. Green Card, ein Personalausweis für Nichtbürger (technisch gesehen ein unbegrenztes Visa). Die Green Card bildet die Grundlage für den Erwerb so wichtiger Papiere wie US-Führerschein und Social Security Number, welche wiederum die Grundlage für ein Beschäftigungsverhältnis und jede Art von Kommerz bilden. Vor allem die SSN (Social Security Number) wird sehr häufig als Identifikationsmerkmal abgefragt, zum Beispiel, wenn man ein Bankkonto zu eröffnen beabsichtigt.

Achtung!
Wichtige deutsche Papiere und Dokumente

- *Geburtsurkunde*
- *Heiratsurkunde (gilt auch als Nachweis für eine Namensänderung)*
- *Reisepass (gültig und möglichst aktuell)*
- *Biometrische Passbilder*
- *ggfs. Nachweis über ein US-Beschäftigungsverhältnis*
- *ggfs. Einkommens- Vermögensnachweise (z.B. Kontoauszüge, Einkommensteuerbescheide, Grundbuchauszüge usf.)*
- *ggfs. Nachweis beruflicher Qualifikationen*
- *Impfpass (Sie können sich u.U. von der Impflicht aus religiösen oder moralischen Gründen mittels entsprechendem Waiver befreien lassen, <u>nachdem</u>*

der Antrag offiziell abgelehnt wurde. Die Befreiung wird zur Verkürzung der Gültigkeit des ausgestellten Visas führen. Dieser Prozess dauert einige Wochen und kostet pro Person einige hundert Dollar. Eine Erklärung an Eides statt ist ausreichend; die formale Zugehörigkeit zu einer bestimmten Religion ist <u>nicht</u> notwendig.)
- *Führerschein*

Folgende Reihenfolge des Erwerbs der jeweiligen Papiere ist empfehlenswert:

1. <u>Green Card</u>: Diese sollte unbedingt vor der Einreise in die USA beantragt werden. Es gibt mehrere Möglichkeiten dies zu tun. Über die sog. Green Card Lotterie werden jährlich 50.000 der begehrten Aufenthaltsgenehmigungen verlost. Wer nicht auf sein Glück hoffen möchte, kann „einfach" einen formalen Antrag stellen... einfach steht hier natürlich in Anführungszeichen. Der ganze Prozess ist langwierig, kostspielig und mit viel Papier verbunden. Wir haben insgesamt knapp 1200$ pro Kopf investiert, allerdings war hier ein Ausnahmeantrag, ein Waiver wg. fehlender Impfungen für knapp 600$ mit dabei. Sechs Monate Vorlauf sollte man auf jeden Fall einplanen, 10-12 Monate sind ideal. Was den Erwerb der Green Card angeht, gibt es Spezialliteratur mit mehr oder minder nützlichen Tipps und Tricks. Man kann sich auch einer Agentur oder Kanzlei anvertrauen, die gegen üppige Gebühr ihre Dienste zur Verfügung stellt. Wer indes ein wenig Englisch versteht und nicht gerade ein Terrorist ist, kommt mit den auf den Internetseiten der deutschen US-Vertretungen zur Verfügung gestellten Informationen leicht ans Ziel – wir sprechen gleich noch darüber. Die Green Card wird einem ein paar Wochen <u>nach</u> der Einreise an die im Antrag angegebene US Adresse geschickt. Vorab gilt das abgestempelte Einreisevisum im deutschen Pass.

2. <u>Beweis des Wohnsitzes</u>. Die USA ist das Land der Freien. Entsprechend gibt es hier keine behördliche Meldepflicht wie in Deutschland. Trotzdem muss man

vor allem bei Amtsgängen seine Ortsansässigkeit beweisen. Dies geschieht durch die Vorlage mehrere Dokumente wie Utility Bills (Strom-, Wasser-, Telefonrechnungen, die Name und Adresse aufweisen), adressierte Briefe (Poststempel und vollständiger Name und Adresse von Absender und Empfänger!), Deeds (Urkunden z.b. wenn man eine Immobilie erworben hat) usf.

Tipp!
Adressnachweise beschaffen

Wem es an solchen Dokumenten mangelt, kann Freunde aus Deutschland oder den USA einfach bitten, einen Brief zu schicken – das Kuvert mit Adresse, Absender und Poststempel vorzulegen, ist ausreichend. Auch Kataloge zu ordern ist möglich. Den Damen und Herren in den Behörden geht es nur um die Adresse sonst nichts.

3. Nach der Ankunft in den USA sollte man sich eine <u>Social Security Number</u> beschaffen. Diese ist zwar technisch gesehen nicht notwendig, macht aber vieles einfacher. Hierzu stelle man einen entsprechenden Antrag bei den entsprechenden lokalen Behörden (Social Security Administation). Das persönliche Erscheinen mit gültiger Green Card oder gestempeltem Einreisevisum im Deutschen Pass ist verpflichtend. Der blaue Schein mit dem begehrten 9-stelligen Code erreicht einen nach Antragstellung normalerweise innerhalb von zehn Tagen.

4. Mit dem deutschen <u>Führerschein</u> kann man in den USA ein Jahr lang legal fahren. Sich einen gültigen US-Lappen zu besorgen, ist dennoch sinnvoll, weil der Photoführerschein gleichzeitig ein generell akzeptiertes Ausweispapier ist. Jeder Bundesstaat handhabt die Ausgabe eines Führerscheins an Immigranten ein wenig anders. Entsprechend gibt es auch hier gute und weniger gute Orte. Wenn es irgend möglich ist, würde ich meinen Wohnort zunächst in einem Staat wählen, bei dem das Umschreiben eines Deutschen Führerscheins ohne

Prüfung möglich ist. Connecticut beispielsweise ist ein solcher Staat. Man marschiert mit Green Card, SSN und dem Beweis, dass man im jeweiligen Staat wohnhaft ist (zwei adressierte Briefe), in das DMV (heißt: Department of Motovehicle und ist der Funktion nach ein Einwohnermeldeamt) macht einen Sehtest – ganz ohne Prüfung geht es auch hier nicht – bezahlt eine stolze Gebühr und erhält sofort seine Drivers License. Diese kann nun ganz einfach beim Umzug in einen anderen Staat umgeschrieben werden.

Tipp!
Wartezeiten vermeiden

Das DMV ist berüchtigt für lange Schlangen und noch längere Wartezeiten. In den Städten ist es meist schlimmer als auf dem Land. Gehen Sie am besten morgens. Trotz Getränke- und Snackautomaten vor Ort empfiehlt es sich schon allein aus gesundheitlichen Gründen, einen kleinen Lunch und ein Getränk einzupacken... Meinen Führerschein nebst KFZ-Anmeldung habe ich in der Rekordzeit (!) von 2.5 Stunden erledigt. Stellen Sie vorab unbedingt alle benötigten Dokumente zusammen. Die Internetpräsenz des lokalen DMV gibt Auskunft. Im Zweifel einfach anrufen.

5. Wege zur Green Card...

… ist je nachdem recht individuell. Ich will daher nicht in die Tiefe gehen, sondern mich auf einen Überblick beschränken. Wenn Sie die Kugel mit dem Erstantrag ins Rollen gebracht haben, ergibt sich alles Weitere ohnehin von selbst; der Prozess läuft dann wie eine exotherme Reaktion ab und endet normalerweise mit der Ausstellung des gewünschtes Einwanderungsvisums.

Die USA sind nach wie vor ein *Einwanderungsland*. Man hat Interesse an Neuankömmlingen, gleich welcher Rasse oder Religion sie angehören, sofern sie bereit sind, die amerikanischen Grundwerte mitzutragen bzw. diese nicht aktiv zu bekämpfen. Diese Grundwerte fußen auf dem Begriff der Freiheit: Freiheit, in welcher Gestalt auch immer sie sich manifestieren mag, in einem Lebensstil, eine Weltanschauung, in der Entfaltung wirtschaftlicher Aktivität oder was auch immer, ist das Fundament, auf dem die Gesellschaft ruht; Freiheit ist die Zauberformel des amerikanischen Traums. Doch genug davon, schauen wir uns den bürokratische Prozess im Überblick an:

1. Einwanderung mit Hilfe eines Bürgen

Der Königsweg ist die Beantragung einer permanenten Aufenthaltsgenehmigung in Deutschland über eines der dort ansässigen *Generalkonsulate* z.B. in Frankfurt, München oder Berlin. Zur Unterstützung des Antrags benötigen Sie einen Bürgen (Sponsor), der eine Petition zu Ihrem Behuf einreicht. Solche Bürgen sind in den USA lebende, mit Ihnen verwandte US-Staatsbürger oder Permanent Residents oder ein potentieller Arbeitgeber.

Die *Petition* wird bei den U.S. Citizenship and Immigration Services (USCIS) eingereicht. Halten sich die Bürgen dauerhaft in Deutschland auf, kann die Petition auch im jeweils zuständigen Generalkonsulat eingereicht werden, wobei ein Nachweis für einen Wohnsitz in den USA erbracht werden muss (z.B. Utility bills mit Name und Anschrift, Eintrag ins lokale

Wählerverzeichnens, Steuererklärung usf.) – die genauen Anforderungen wird man Ihnen mitteilen.

Sobald der Petition zugestimmt wurde, stellen Sie Ihren eigentlichen Visaantrag. Dieser ist im Generalkonsulat einzureichen und wird auch dort bearbeitet. Sie müssen einen Haufen Unterlagen wie Heiratsurkunde, Geburtsurkunde, aktuelle Passbilder, Nachweis über Namensänderungen, Reisepass, Impfpass usf. beibringen. Ggfs. müssen Sie (oder Ihr Bürge) Auskunft über Qualifikation und Vermögensverhältnisse geben – keine Angst, niemand erwartet, dass Sie Gehirnchirurg oder Multimillionär sind. Ihr Bürge (Privatperson) muss eine Erklärung abgeben, die prinzipiell besagt, dass er, sollten Sie in Not geraten, für Sie aufkommen wird. Dieser Erklärung muss ein entsprechender Einkommens- bzw. Vermögensnachweis beigefügt sein. Die Anforderungen sind nicht besonders hoch: 125% der Poverty Line Marke. Bei einer vierköpfigen Familie ist die PL 24.300$, was ein Vermögen (oder Jahreseinnahmen) in Höhe von 30.375$ erforderlich macht.

Am Ende des Antragsprozesses werden Sie vom Konsulat zu einem Interview eingeladen. Sie müssen es selbst terminieren. Sie können dieses Interview auf Deutsch führen. Es handelt sich eher um eine Formalität, die nicht länger als wenige Minuten in Anspruch nimmt. Sollte an Ihrem Antrag etwas fehlen, wird man Sie bitten, zusätzliche Unterlagen zur Verfügung zu stellen. Ansonsten erhalten Sie nach etwa zwei Wochen postalisch Ihren Reisepass mit Einwanderungsvisa und einen versiegelten Ordner (Brechen Sie das Siegel nicht!), den Sie bei der Einreise in die USA einem Immigration Officer mit der Bitte um Erlaubnis zur Einwanderung übergeben. Sind die Unterlagen in Ordnung, lässt man Sie einreisen. Ihre Green Card wird nach einigen Wochen an die US Adresse gesandt, die Sie in Ihrem Antrag angegeben haben. Bis dahin gilt das abgestellte Immigrationvisa in Ihrem deutschen Reisepass.

Achtung!
Staatsbürger werden – Naturalization

Kinder eines US-Bürgers können nach Erwerb der Greencard in den USA sofort die amerikanische Staatsbürgerschaft beantragen (Form N-600). Der Ehepartner eines US-Bürgers kann nach Erwerb der Greencard bereits nach drei Jahren in den USA die Staatsbürgerschaft beantragen (Form N-400). Greencardinhaber ohne US-Verwandtschaft können nach fünf Jahren die Staatsbürgerschaft beantragen (Form N-400). Der Antrag auf Einbürgerung kostet eine beträchtliche Gebühr zwischen 640$ (N-400) und 1170$ (N-600)

2. Einwanderung ohne Bürgen: Green Card Lottery

Haben Sie keinen Bürgen für Ihren Antrag, können Sie alternativ an der sogenannten Green Card Lottery teilnehmen. Die USA verteilen jedes Jahr 50000 Green Card an akzeptable Bewerber im Zufalls- und Kontingentprinzip. Im Internet tummeln sich etliche schwarze Schafe, die Ihnen gegen Gebühr höhere Gewinnchancen verkaufen wollen. Informieren Sie sich über Teilnahme und Teilnahmebedingungen bitte direkt auf der Homepage der USCIS (U.S. Citizenship and Immigration Services) oder des zuständigen US Generalkonsulats in Deutschland. Bei Millionen jährlich eingebrachter Anträge, sind Ihre Chancen freilich begrenzt. Sollten Sie dennoch einen der begehrten Aufenthaltsgenehmigungen gewinnen, können Sie Ihre direkten Familienangehörigen als Bürge unterstützen.

3. Einwanderung ohne Bürgen

Ohne Sponsor *legal einzuwandern*, ist neben einigen Sonderfällen praktisch nur als anerkannter Flüchtling möglich. Als Bürger eines europäischen Staates werden Sie hier keine Chance haben. Dennoch gibt es Möglichkeiten, die sich rechtlich allerdings in einer

Grauzone bewegen und die Sie daher vermeiden sollten. Ich füge zwei prominente Optionen der Vollständigkeit halber an:
1. Sie entbinden ein Kind im Territorium der USA. Im Gegensatz zu Deutschland entscheidet in den USA nicht die biologische Herkunft über den Status eines Bürgers, sondern der Geburtsort. Wird man *in* den USA geboren, ist man automatisch Bürger dieses Landes und kann dann, rechtlich betrachtet, zum Sponsor des legalen Aufenthalts seiner Eltern und Geschwister werden, Anchor baby nennt man das boshaft.
2. Sie reisen mit einem begrenzten Visum /als Student, Reisender usf.) ein. Sie haben nun die Möglichkeit dieses Visum nach Ablauf der Frist zu verlängern. Tun Sie das nicht, halten Sie sich illegal in den USA auf. Wie dem auch sei: Während Ihres Aufenthalts haben Sie selbstverständlich die Möglichkeit sich vor Ort einen Sponsor zu suchen, indem Sie sich beispielsweise einen Job beschaffen und Ihren Arbeitgeber überzeugen, einen permanente Aufenthalt zu unterstützen.

Achtung!
(Air)-Port of entry

Um eine Einwanderung zu beantragen, müssen Sie sich – außer im Falle einer Niederkunft – grundsätzlich außerhalb der USA aufhalten. Den Antrag über eine Scheinadresse in Kanada oder Mexiko abzuwickeln, ist illegal.

6. Umzug

Mit den Vorbereitungen für den Umzug beginnt man am besten zeitgleich mit dem Visa-Prozess. Ideal ist eine Vorlaufzeit von mind. zehn Monaten. Ein Umzug in die USA ist zwar nicht weiter kompliziert, gewisse Aspekte erfordern jedoch ein gutes Maß an Planung und Organisation oder sind schlichtweg leichter und effizienter zu bewältigen, wenn man sich Zeit lassen kann.

6.1. Was mitnehmen?

Zunächst sollte man sich die Frage stellen, was man überhaupt mitnehmen möchte. Einen Container via Schiff in die USA transportieren zu lassen, kostet eine Stange Geld. Je weniger man mitnimmt, desto besser ist es...scheinbar. Auf der anderen Seite muss man sich in den USA ja auch irgendwie einrichten und auch hier kostet das Geld und zwar oft mehr als in Deutschland. Es ist ein schmaler Grat, auf dem man wandelt. Hier einige Überlegungen und persönliche Erfahrungen:

Küche: Praktisch alle Wohnungen und Häuser in den USA verfügen über eine Einbauküche. Küchenmöbel dürfen also guten Gewissens in Deutschland bleiben.

Elektrogeräte: Hier muss man aufpassen! Gemeinhin wird geraten, sich in den USA neu auszustatten. Nicht nur sind die Stecker hier anders geformt, auch die Netzspannung unterscheidet sich mit 120V von den in Deutschland üblichen 230V. Ich persönliche empfehle dagegen *alles* mitzunehmen, was mit entsprechenden *Netzteilen* ausgestattet ist. Ein guter Teil elektronischer Gerätschaften wird für den internationalen Markt hergestellt. Mittels besagter Netzteile machen die Unternehmen ihre Produkte für die lokalen Märkte nutzbar. Diese Netzteile sehen aus wie schwarze Kästchen und sind ihrer Funktion nach Transformatoren. Sie wandeln die länderspezifische Spannung, also das, was aus der Steckdose kommt, in eine für das Gerät verdaubare Kost um. Netzteile sind am Ende oder im unteren Drittel des Stromkabels angebracht. Auf ihnen finden sich technische Spezifika. Uns interessiert hier der *Input*. Wenn die Netzspannung von 120V möglich ist, kann das Gerät in den USA betrieben werden. Alles, was man nun noch benötigt ist ein EU auf US Adapter (EU-US Adapter). Diese gibt es beispielsweise bei EBAY für unter 1€ pro Stück. Ich benutze hier Laptop, Rasierapparat, Mini-Hifi-Anlage, externe Festplatte und etliches anderes E-Zeug aus Deutschland. Alles funktioniert tadellos – hunderte Dollar gespart!

Computer und Zubehör: Mit besagtem Adapter kann man in Deutschland gekaufte Laptops in den USA problemlos betreiben. Die Anschaffung eines neuen Druckers ist dagegen praktisch unvermeidlich, weil in den USA das Papier anders normiert ist. Die deutsche Industrienorm DIN gilt hier nicht. Auch WIFI funktioniert mittels des eingebauten Modems nicht – hier werden andere Frequenzen benutzt. Es gibt jedoch einen günstigen Trick, auch dieses Problem zu lösen: USB-WIFI Adapter werden um 10-40$ verkauft. Ich habe eine billiges Model für 14,95$ erstanden und installiert. Nun kann ich mich problemlos in WIFI-Netze einwählen.

TV und DVD: Auch hier sind Neuanschaffungen oft unumgänglich. In den USA wird ein anderes Farbübertragungsschema benutzt: NTSC im Gegensatz zum europäischen PAL. Konkret bedeutet das einfach, dass man deutsche DVD´s auf einem amerikanischen TV nicht ansehen kann. Es gibt zwar spezielle TV-Geräte, die zwischen PAL und NTSC umschalten können und ebensolche DVD Player, diese Geräte sind aber eher selten. Eine Neuanschaffung scheint günstiger, als ein meist teureres Spezialgerät zu erwerben und dieses mittels Stromadapter oder Spannungsumwandler zum Laufen zu bringen.

Tipp!
Die deutsche DVD Sammlung retten

Schauen Sie Ihre deutschen DVD´s auf dem Computer. Egal ob der in den USA oder in Deutschland gekauft wurde, spielt er alle Formate problemlos ab.

Betten und Matratzen: Hier gilt das Ganz-oder-gar-nicht-Prinzip, denn leider sind die Standardmaße in den USA anders als in Deutschland, was auch nicht weiter verwundert, da verschiedene Messsysteme benutzt werden: In Deutschland messen wir metrisch in den USA angloamerikanisch, d.h. in Fuß, Gallonen und Pfund. Also entweder Bett und Matratzen aus Deutschland mitnehmen oder alles in den USA neu beschaffen – was allerdings auch kostspielig werden kann. Man muss abwägen.

Sonstige Möbel: Auch hier kommt es auf die Art der Besitztümer und/oder die Vorlieben und Ansprüche ihrer Besitzer an. Wer inmitten kostbarer und unersetzlicher Antiquitäten lebt, wird diese zweifellos mit sich nehmen wollen. Wem dagegen Massenware à la IKEA und Konsorten genug ist, der kann sich auch in der Neuen Welt einrichten, wenn auch die Preise, ich wiederhole es nochmals, hier generell etwas höher sind. Auch die Raumhöhe ist zu berücksichtigen. Gerade bei raumhohen Möbeln oder Regalsystemen, die nach der deutschen Standarddeckenhöhe von 2,45m bemessen wurden, muss aufgepasst werden. Die US-Standardhöhe ist mit 2,40m etwas niedriger. Sogenannte Mobile Homes haben oft mit 7 Fuß (etwa 2,15cm) noch niedrigere Decken. Es gibt freilich auch Häuser mit höheren Räumen, doch sind diese generell teuer und weniger weit verbreitet als etwa in Deutschland.

6.2. Schiffscontainer oder Guerilla-Umzug?

Was den Umzug selbst betrifft, wird man sich im Letzten zwischen zwei Extremen wiederfinden. Entweder man zieht mit dem kompletten oder zumindest besseren Teil seines Hausstandes um, beauftragt eine Firma und lässt diese einen Schiffscontainer befüllen, oder man trennt sich vom allermeisten und verschickt den Rest seiner weltlichen Besitztümer einfach mittels Post bzw. bescheidet sich mit einem oder mehreren Koffern.

Spielen wir die Optionen und einige dazwischenliegende Graustufen einmal durch:

Ein Umzug in die USA mittels Container ist sehr teuer. Die Variante eines 40ft Exemplars mit 67m^3 Inhalt kostet von Süddeutschland bis in die Neuenglandstaaten (3 Std. vom Anlaufhafen New York entfernt) irgendetwas zwischen 8.000-10.000€ – Full service versteht sich.

Sich in den USA komplett neu einzurichten, ist aber je nachdem auch nicht ganz billig – das schließt den Gebrauchtmarkt leider mit ein. Wer jung ist, alleinstehend oder schlicht ein Verächter weltlicher Besitztümer, wird gewiss mit einem *Koffer* zurecht kommen. Im Notfall kann er am Flughafen schlicht einen zweiten Koffer gegen Gebühr aufgeben. Darüber hinaus ist es möglich, sich seine Sachen einfach per Post schicken zu lassen. Ein bis zu 31,5kg schwerer *Karton* mit den maximalen Ausmaßen von 60x60x120 cm kostet etwas mehr als 105 Euro und fasst schon eine recht beachtlich Menge an Büchern, Kleidung, Schuhen und was nicht alles. Kleinere Umzüge lassen sich so bedeutend günstiger abwickeln als über eine klassische Umzugsspedition – Möbel zu versenden ist allerdings problematisch.

Containerseitig haben wir drei Optionen:

Kleinere Umzüge können von Speditionen als *Zusatzfracht* in anderen Containern disponiert werden. Diese Variante ist sehr günstig, aber, wie ich mir habe sagen lassen, auch mit gewissen Gefahren verbunden. Folgendes geschieht: Eine Firma schickt eine Lieferung in die USA. Dazu wird ein Container bestellt, der aber nur zu 90% befüllt wird. Die restlichen 10% versucht der Reeder/Versender/Spediteur etc. natürlich aus Kostengründen auch zu verkaufen – Leerfracht ist extrem teuer. Diese Resträume werden nun billigst vermarktet und mit allem befüllt, was irgendwie Platz darin findet. Der Vorteil für Ihren kleinen Umzug ist wie gesagt, dass diese Variante sehr günstig ist; der Nachteil: Es besteht eine erhöhte Chance, dass Ihre Besitztümer 1. vielleicht nicht gleichzeitig am Zielhafen anlaufen, weil sie u.U. auf verschiedene Container verteilt wurden und/oder 2. eine erhöhte Wahrscheinlichkeit von Diebstahl oder Verlust, weil der Container u.u. an einem anderen Hafen geöffnet wird. Ohne, dass Sie davon wüssten, schippert man Ihren Jugendstil-Sektretär vielleicht erst einmal nach Shanghai, wo er umgeladen wird, dann nach St. Petersburg usf. Ihre Sachen sind zwar versichert, wer aber das Risiko des Frachtverlusts minimieren will, mietet einen Container privat.

Hier sind wir schon bei der zweiten Variante: Der 20ft Container. Er ist kleiner und dementsprechend günstiger als sein größerer Bruder mit 40ft. Zu beachten ist allerdings, dass Kosten wie Transport des Containers zum Auslaufhafen, bzw. vom Zielhafen zur eigentliche Zieladresse, Shuttledienste usf. praktisch gleich teuer sind. Einen 20ft Container kann man für 5.000-7.000€ (Full service) an die US- Ostküste verschiffen.

Wer mit einem größeren Hausstand umzieht, muss besagten 40ft Container mieten. Wem das nicht genügt, kann auf die 40ft High Cube Variante zurückgreifen, die noch einmal 20m^3 mehr Platz bietet. Was konkret benötigt wird und was der ganze Spaß am Ende kostet, wird einem der jeweilige Removal-Agent mitteilen. Die Grundzahl, die Sie im Kopf behalten sollten: 40ft Container, Full Service, Deutschland nach US-Ostküste keinesfalls mehr als 10.000€

6.3. Eine Umzugsfirma finden und feilschen

Ich bin jemand, der Dinge gerne selbst in die Hand nimmt. Im Falle des US-Umzugs musste ich mich allerdings geschlagen geben. Trotzdem, der Form halber meine Erkenntnisse zu diesem Thema:

Theoretisch kann man den Umzug mit einem Container fast komplett in Eigenregie leisten. Zunächst muss man einen Container anmieten. Dieser normgerecht beladen, die Ladung normgerecht gesichert werden. Eine entsprechende Liste seiner Besitztümer für den Zoll muss ebenfalls erstellt werden. Die einzelnen Kartons und Stücke müssen nummeriert sein. Der Spediteur erledigt den reinen Transport zum Zielhafen. In unserem Fall wäre das: Nordbayern-Hamburg-New York. Der Preis für den Umzug mit einem 40ft Container liegt in diesem Szenario zwischen 4.000-5.000€. Den Transport vom Zielhafen zur eigentlichen Zieladresse organisiert man wiederum selbst, bzw. lässt das vom deutschen Speditionsunternehmen (das meist auch den Container stellt) mitmachen. Am Ende folgt das Entladen. Die mögliche Ersparnis geht bis zu 50%!

Der Nachteil dieser Variante ist, dass man natürlich gegen Transportschäden nicht versichert ist. Die Schiffscontainer werden wenig zierlich behandelt und je nach dem Platz auf dem Schiff auch einmal bei schwerem Seegang ordentlich durchgerüttelt. Dazu kommt, dass man beim Verstauen gewisse Regeln beachten muss. Die Fracht muss gegen Seegang ausreichend gesichert sein. Ist sie es nicht, wird das am Auslaufhafen korrigiert (oder auch nicht...), was eine Stange Geld kostet und u.U. zu Verzögerungen führen kann. Weiterhin ist der Zoll zu beachten. Informationen, was man mitnehmen darf und nicht, erhält man vom Spediteur, dem Zoll oder man googelt das einfach. Jeder Container wird (angeblich) durchleuchtet und jede Liste von irgendeinem Beamten zumindest einmal überflogen. Manche Container werden stichprobenartig überprüft, was weitere, teilweise beachtliche Verzögerungen nach sich ziehen kann, vor allem wenn nicht alles ordnungsgemäß gelistet und verpackt ist. Die Standzeit am jeweiligen Hafen muss der Versender bezahlen. Er muss sich auch um die Zollformalitäten kümmern. Übernimmt eine Spedition diesen Part, läuft der Prozess für den Versender ziemlich stressfrei ab. Nicht nur kennen sich die Kollegen aus und haften für eventuelle Lapsi, was Verpackung und Listung angeht, durch (Achtung: Vertrag diesbezüglich checken!), auch die Zollbeamten neigen dazu, Container von vertrauenswürdigen Unternehmen mit geringerem Argwohn zu betrachten – das zumindest habe ich mir sagen lassen.

Der Full-Service hat weitere Vorteile: Bei einer Atlantiküberfahrt sind Umzugskartons sowie Verpackungsmaterial besonderen Belastungen ausgesetzt. Der Karton vom Baumarkt um die Ecke genügt diesen Ansprüchen nicht. Wer als Privatperson bei den entsprechenden Herstellern geeignetes Spezialmaterial ordnet, zahlt ordentlich Aufschlag, während Speditionen beachtliche Rabatte erhalten, die sie oft an den Kunden weitergeben – die Konkurrenz auf diesem Markt ist beträchtlich. Auch die Haftungsfrage spielt eine nicht zu unterschätzende Rolle: Der Spediteur kann eventuelle Forderungen mit Verweis auf das vom Kunden bereitgestellte unzureichende Material einfach zurückweisen, wenn er sich überhaupt auf einen solchen Deal einlässt. Kurz gesagt: Wer keine entsprechende Erfahrung mitbringt und keine Lust auf unwägbare Risiken hat, sollte sich für einen Full-Service entscheiden, insbesondere weil es auch hier erhebliche Sparmöglichkeiten gibt.

Der Speditionsmarkt ist heiß umkämpft. Diese Konkurrenzsituation gibt dem Endverbraucher einen Hebel in die Hand, den er auf jeden Fall benutzten sollte. Hier lassen sich leicht einige Hundert Euro und mehr einsparen. Der Schlüssel zum Erfolg ist ausgiebiges Vergleichen und viel, viel Kommunikation mit den Damen und Herren des möbelpackenden Gewerbes. Auch darum sollte man entsprechend Vorlauf haben. Ich habe sieben Wochen verhandelt, bis ich mit einem Anbieter vertragseinig geworden bin.

Folgendes Vorgehen hat sich in meinem Fall bewährt:

Um gute und präzise Vergleichsangebote zu bekommen, sollte man die Speditionen mit möglichst vielen Vorinformationen versorgen. Dazu gehören:

1. Startadresse/ Abholort: Hierzu gehören auch Informationen zur Beschaffenheit des Wohnraums und des Umfeldes. Treppenhäuser, Parkmöglichkeiten usf. wirken sich unmittelbar auf den Preis aus. Idealerweise

parkt der LKW mit dem Container direkt vor einem eingeschossigem (Erdgeschoss) Haus, wo man ihn auch über Nacht stehen lassen kann. Idealerweise finden sich die gleichen Bedingungen am Zielort. Idealerweise sind Start- und Zielort in der Nähe des jeweiligen Hafens.

Teurer wird der Umzug aus einer Altbauwohnung ohne Aufzug dafür mit sehr engem Treppenhaus ohne Parkmöglichkeiten in einer engen Anliegerstraße in München mit Pianotransport usf. nach, sagen wir, Los Angeles in ein fahrstuhlloses Hochhaus (mit engem Treppenhaus) ohne Parkmöglichkeiten usf. Das Prinzip ist sehr einfach: Je weniger Umstände die Spedition hat, desto billiger kann sie ihre Dienste anbieten.

2. Adresse im Zielland: Sollte diese noch nicht vorliegen, genügt den meisten Unternehmen der Bundesstaat und die Stadt oder nur der Bundesstaat, um ein *ungefähres* Angebot abzugeben.

3. Umfang des Umzugs: Wer nicht abschätzen kann, wie viel Platz und Service er benötigt, sollte eine entsprechende Liste mit seinen Besitztümern anlegen. Dies Liste muss nicht jedes Schräubchen beinhalten, darf aber auch nicht zu grob gefasst sein. Formulierungen wie: „Ein paar Gartenmöbel und so" sind ungenügend. Dagegen ausreichend ist: „4 Gartenstühle (Vollholz, faltbar), ein Gartentisch (Platte als Vollholz, rund, 90cm Durchmesser, Füße aus Gusseisen), ein zerlegbarer Grill." Größere, nicht demontierbare oder sperrige Möbelstücke wie Sofa und Buffet sollten ausgemessen werden. Weiterhin sollte jede Wand jedes Zimmers mit Maßstab auf dem Bild (z.B. aufgeklappten 2m-Maßstab) photographiert werden. Diese Mühe macht man sich übrigens nicht nur zum Zweck, präzise Angebote zu erhalten, sondern vor allem, um Angebote von solchen Firmen bekommen zu können, die keinen Agenten vor Ort haben und sonst die Mühe nicht für Wert erachten würden, jemanden zu schicken. Man erweitert also die Zahl der Bewerber. Meine Umzugsfirma (ansässig in Hamburg) schickte erst einen Agenten, als wir den Vertrag schon abgeschlossen hatten – im Vergleich zu den lokalen Anbietern waren sie 1.300€ günstiger bei gleichem Service.

6.4. Ausschreiben und Angebotscheck

Dank dem Internet gibt es verschiedene Portale, bei denen man seinen Umzug ausschreiben kann. Hier ist zu beachten, dass einige dieser Portale nur eine begrenzten Anzahl von Unternehmen repräsentieren. Es ist also durchaus sinnvoll mehrere dieser Vergleichsseiten zu benutzen. Darüber hinaus sollte man mit lokalen Speditionen Kontakt aufnehmen.

Ist die Kugel ins Rollen gebracht, werden nach einiger Zeit erste Angebote eingehen. Diese sollten sehr genau studiert werden – der Teufel steckt hier im Detail. So sind mache *scheinbar günstige Angebote* exklusive Verpackungsmaterial (Bereitstellung, Entsorgung), Steuern, Zollgebühren usf. Andere, sehr teure Angebote beinhalten womöglich Dienstleistungen, die überhaupt nicht benötigt werden und scheinbar aus Sicherheitserwägungen oder Schlamperei mit in die Rechnung eingeflossen sind. Rufen Sie die Unternehmen unbedingt an, wenn Sie Fragen haben. Erklären Sie genau, was Sie um ihr Geld kaufen wollen und was nicht. Stellen Sie alle Informationen zur Verfügung, die der Anbieter benötigt. Fragen Sie direkt nach versteckten Mehrkosten (dies am besten via Email wg. der Schriftform). Wenn Sie mit einem bestimmten Anbieter zusammenarbeiten wollen, bitten Sie frech um Rabatte und Nachlässe – ein wenig Spielraum ist in praktisch allen Angeboten zu finden.

Je nachdem kann auch der Umfang der *Eigenleistung* mit berücksichtigt werden. Rechtlich gesehen müssen die Speditionen alle Kartons selbst packen, deren Inhalt sie vor dem Zoll zu verantworten haben. Diese Politik wird aber je nach Anbieter recht unterschiedlich gehandhabt. Manche Anbieter sind bereit, Verpackungsmaterial vorab zur Verfügung zu stellen, damit der Auswanderer schon einmal „einige persönliche Kleinigkeiten" verpacken kann. Die p.b.o. (packed by owner) Kartons dürfen nicht verschlossen werden, damit „theoretisch" die Mitarbeiter der Spedition sich vom Inhalt überzeugen können. Ob sie dass dann auch tun… Nun ja. Über die p.b.o.-Variante kann ziemlich viel Geld eingespart werden. Eine gute Kommunikation mit dem Spediteur ist indes obligatorische Voraussetzung.

Ich rate davon ab, Möbel zu verpacken. Abbauen bzw. zerlegen kann man sie – das spart etwas. Für die selbst gepackten Kartons haftet die Spedition nicht oder nur sehr eingeschränkt, auch das ist zu berücksichtigen. Weiterhin sollte man wissen, wie man einen Umzugskarton, der in einem Überseecontainer die halbe Welt umrunden wird, korrekt packt. Grundsätzlich gilt die Regel, dass sich nichts bewegen darf. Die Seiten müssen dementsprechend stoß- und fallsicher gemacht, Hohlräume vermieden bzw. aufgefüllt werden. Wenn der Inhalt des Kartons einen Sturz aus einem Meter Höhe schadlos übersteht, haben Sie es richtig gemacht. Aber bitte, probieren Sie das jetzt nicht bei jedem einzelnen Karton aus. Auch das jeweilige Gewicht spielt eine Rolle, da in den USA andere arbeitsrechtliche Bedingungen herrschen. Ich habe mir sagen lassen, dass die weitertransportierenden US-Firmen Aufschläge für zu schwere Kartons verlangen, die ihre Spedition u.U. an Sie weitergeben kann, wenn Sie falsch gepackt haben.

Ich will keine Werbung machen, gebe aber meine Umzugserfahrung gerne wieder. Wir sind mit ITO umgezogen, einer auf internationale Umzüge spezialisierten Firma, die wohl auch Behörden (Botschaften usf.) umzieht. Bis auf einige Kleinigkeiten hat alles gut funktioniert. Der Preis lag bei 8.500 Euro Full Service all inclusive – es gab keine versteckten Kosten. Die Mitarbeiter waren freundlich und sehr auf Schnelligkeit bedacht. Wir hatten einige Zweifel, ob alles unbeschadet ankommt. Nun, alles kam unbeschadet an. Auch die Kollegen am amerikanischen Ende arbeiteten tadellos – wenn auch sehr auf Schnelligkeit bedacht. Die Kommunikation lief über Email und war hervorragend. Man wurde regelmäßig über den Verbleib des Containers informiert. Wunderbar. Andere Firmen werden gewiss ähnlich gute Leistungen erbringen können – ich habe hierzu keine Erfahrungen; es war mein erster Überseeumzug. Wer will, kann ITO also bei seiner Ausschreibung mitberücksichtigen.

6.5 Timing

Folgendes sollten Sie sich vorab bewusst machen: Sie haben drei Termine miteinander zu vereinbaren.

1. Ihre Einreise
2. Die Beschaffung von Wohnraum
3. Die Ankunft Ihrer Besitztümer

Im Idealfall reisen Sie ein (1), beschaffen sich eine Wohnung (2), in die dann Ihre Möbel geliefert werden (3). In Praxo stellen sich manche Widerstände in den Weg. Zum einen wissen Sie nicht genau, wie lange Ihre Möbel auf der Reise sein werden (üblich sind 10 Tage bis 3 Wochen, es kann aber auch schneller oder langsamer gehen). Dann wissen Sie nicht wie lange es dauert, bis Sie eine Wnohung gefunden haben. Wenn Sie ein Haus käuflich erwerben wollen, kann es u. U. noch größere Ungewissheiten geben. Vielleicht stehen auch noch Renovierungen an. Oder der Verkäufer stimmt einem Verkauf nur unter der Voraussetzung zu, dass er in einem vertraglich fixierten Zeitraum selbst eine Immobilie findet (solche Vereinbarungen sind in den USA nicht unüblich).

Gutes Timing ist essentiell, um Chaos zu vermeiden. Perfekt ist, wenn man bereits über einen Wohnraum in den USA verfügt. Man beginnt also mit einem Immobilienkauf bzw. dem Anmieten einer Wohnung. Dies sollte vor Beginn des Visaprozesses geschehen, da Sie sich während diesem im Ausland aufhalten und zudem Ihre Reisepässe einreichen müssen. Dass dies für viele nicht ohne Weiteres zu bewerkstelligen sein wird, ist klar. Wer hat schon die Ressourcen über, sich einfach ma ein Haus zu kaufen oder eine Wohnung für ein paar Monate vorzumieten?

Eine Zwischenlagerung der Möbel ist eine gangbare Lösung des Timing-Problems. In den USA gibt es sehr viele Self-Storage Unternehmen wie bspw. Cube Smart. Die angemieteten Räumlichkeiten sind freilich nicht kostenlos. Die Besitztümer unseres 40ft. Containers erforderten Lagerräume, die mich monatlich knapp 200$

gekostet haben. Wir mussten erfreulicherweise nur einen Monat mieten. Self Storages kann man telefonisch oder via Email oder Online buchen und mit Kreditkarte bezahlen. Man kann dann auch dem Spediteur eine genaue Zieladresse angeben. Nicht gut ist, dass man später, nach der Einreise, sein Eigentum noch mal in die eigentliche Wohnung umziehen muss.

Tipp!
Rabbatierte Miet-LKW´s

Viele Self Storage unternehmen bieten Rabatte für Miet-LKW an. Nutzen Sie entsprechende Angebote. Sie sparen bares Geld.

7. Flug, Shuttle, Mietwagen, Motel

Neben seinen weltlichen Gütern muss man auch sich selbst umziehen. In die USA zu fliegen ist erfreulicherweise keine schwierige, jedoch eine langwierige und langweilige Sache. Mehrere große Airlines bieten tägliche Flüge zu den wichtigsten US Airports an. Wir sind an der Ostküste am Newark International Airport gelandet. Der Flug selbst dauerte knappe 8 Stunden und war den Umständen entsprechend erträglich. Da unser KFZ einen Tag vor dem Abreisetermin von einem netten Herrn abgeholt wurde, der irgendwann mittels Kärtchen Interesse an unserem fahrbaren Untersatz angezeigt und einen Barkauf zum Spitzenpreis (trotz Rostschäden und Alter – muss ein Liebhaber gewesen sein) angeboten hatte, fuhren wir mit einem Shuttle zum Flughafen. Der Spaß kostete uns 120€ (ohne Trinkgeld), was völlig in Ordnung war. Die Shuttlefahrt buchten wir einen Monat vor dem Reisedatum. Am Nachmittag des Vortages rief ich sicherheitshalber noch mal an. Der Preis war nur geringfügig höher als eine Fahrt mit dem Zug. Dafür sparten wir uns die (Bus-) Fahrt zum Bahnhof: Wir wollten an unserem großen Reisetag vor allem wegen der Kinder den Stressfaktor so niedrig wie möglich halten.

In den USA angekommen, benötigten wir einen fahrbaren Untersatz. Die einfachste aber kostspieligste Variante ist das Reservieren eines Mietwagens am Airport. Mit einem gültigen deutschen Führerschein kann man in den USA 12 Monate legal fahren. Bezahlen kann man diese und andere Rechnungen zunächst mit einer in Deutschland ausgestellten Kreditkarte. Auch Bargeld am Automaten (ATM) lässt sich gegen vergleichsweise humane Gebühr ziehen.

Mietwagentarife sind an Flughäfen grundsätzlich teurer. Entsprechend lässt sich Geld sparen, wenn man einen Discount-Anbieter (z.B. Enterprise) im Umkreis wählt und sich dann via Taxi dorthin befördern lässt (Achtung, wg. eventuell notwendiger Kindersitze!). Das Reservieren funktioniert von Deutschland aus problemlos. Im Zweifelsfall einfach eine Email schreiben oder anrufen (Achtung: Zeitzone beachten!). Den Mietwagen sollte man übrigens schnellst möglich mit einem eigenen KFZ vertauschen – mehr dazu später. Gleiches gilt für das Motel, wo man die erste oder die ersten Nächte verbringen wird. Mieten ist in den USA ungleich kostspieliger als in Deutschland. Vor allem Häuser und Wohnungen sind teuer. Man ist daher gut beraten, sich mobil und immobil zügig selbst zu versorgen. Auch das Thema Hauskauf werden wir gleich noch besprechen – ein Hinweis vorab: Sowohl Erwerb als auch Wiederverkauf eines Hauses gestalten sich hier bedeutend einfacher und zügiger als in Deutschland, darum keine Angst vorm Eigenheim.

8. Flugtickets und Flugzeit

Jeder leere Sitzplatz kostet die Fluggesellschaft eine Menge Geld, insbesondere wenn es sich um einen Überseeflug handelt. Entsprechende Gegenmaßnahmen der Fluggesellschaften eröffnen dem Reisenden die Möglichkeit, viel Geld zu sparen. Wichtig ist, dass man den Flug möglichst frühzeitig bucht. Sobald man vom Konsulat Grünes Licht in Gestalt des Einreisevisas erhalten hat, sollte man einen definitiven Reisetermin setzen und Umzug sowie Flug entsprechend organisieren.

Sparen kann man, wenn man einige der billigen Tickets ergattert, die Fluggesellschaften für praktisch jeden Flug verkaufen, um sicherzustellen, dass kein Platz unbesetzt bleibt. Diese Tickets werden aus recht offensichtlichen Gründen oft nicht von der ausführenden Fluggesellschaft selbst verkauft. Mein United-Airlines Billigticket für knappe 500€ pro Kopf und Köpfchen hat mich auf den regulären Lufthansaflug FRA-EWR gebracht, wo die gleichen Economy Class Tickets für mehr als das doppelte verkauft wurden. Günstige Tickets finden sich online auf entsprechenden Vergleichsportalen. Gut beraten ist, wer mehrere dieser Portale checkt.

Geld sparen lässt sich außerdem, wenn man außerhalb der Saison fliegt. Die Preise im Februar sind beispielsweise erheblich günstiger als im August.

Viel Geld sparen kann zudem, wer viel Zeit und gute Nerven hat. Neben den direkten Flügen gibt es etliche indirekte Varianten, die einen oder mehrere Zwischenstopps mit dazugehörigem Umsteigen usf. einlegen. Wer beispielsweise keine Problem damit hat, ein paar Stunden an einem russischen, isländischen, spanischen Regionalflughafen zu verbringen und insgesamt 20 und mehr Stunden unterwegs zu sein, kann für unter 300€ in die USA gelangen. Dass solche Touren gewisse Risiken, was Verspätungen, verlorenes Gepäck oder verpasste Anschlussflüge anbelangt, mit sich bringen, muss ich wohl nicht extra betonen. Ein junger Mensch mag dieses Risiko vielleicht schon aus schierer

Abenteuerlust eingehen.
 Achten Sie beim Buchen des Flugs auf die echte <u>Ankunftszeit</u>, d.h. berücksichtigen Sie die Zeitzone. Wer vormittags abfliegt, kommt am frühen Nachmittag in den USA (Ostküste) an. Nach einem langen Tag, können Sie abends (in Deutschland wäre das späte Nacht) hoffentlich gut schlafen und entgehen dadurch einem schlimmen Jetlag.

9. Schlussstriche ziehen!

Nach erteiltem Visa (!) kann man beginnen, seine papiernen Felsen abzuwerfen, die Brücken abzureißen, einen sauberen Schlussstrich zu ziehen, meint: Verträge kündigen. Vor der Kündigung steht das Wissen, was man überhaupt für Verträge abgeschlossen hat und wie die jeweiligen Kündigungsfristen und -bedingungen sind. Wer keinen Überblick über seine vertraglichen Verpflichtungen hat, kann die Kontoauszüge eines abgeschlossenen Kalenderjahres durcharbeiten. Monatliche Zahlungen sind schnell lokalisiert, jährliche dagegen können leicht übersehen werden. Wer das Kleingedruckte der jeweiligen Verträge nicht gelesen, vorliegen oder einfach vergessen hat, kann sich mit einem Formschreiben behelfen. Zwar verlangen viele AGB´s, dass die Kündigung an eine bestimmte Adresse gesandt wird, man kann aber auch einfach an den Hauptsitz des Unternehmens schreiben – wenn das Brieflein dort ankommt, muss sein Inhalt auch beachtet werden. Postalische Kündigungen sind grundsätzlich per Einschreiben zu senden. Da ich persönlich mit jeder Art von Bürokratie auf Kriegsfuß stehe, habe ich folgendes Formschreiben als Universalheilmittel komponiert:

Tipp!
Universalkündigung

Sehr geehrten Damen Herren,

hiermit kündige ich alle bestehenden Verträge zum (Wunschdatum eintragen) oder dem diesem Datum folgenden, nächstmöglichen Termin. Ich widerrufe sämtliche erteilte Vollmachten wie SEPA-Mandate zum (Wunschdatum) oder dem diesem Datum folgenden, nächstmöglichen Termin.
Eventuelle Restguthaben/Rückerstattungen sind zu überweisen an: (Bankverbindung angeben).
Ich bitte um eine schriftliche Bestätigung dieser Kündigung mit Angabe der vertraglichen Restlaufzeit.

Mit freundlichen Grüßen

Dieses Schreiben klingt zwar nicht besonders schön oder persönlich, hat aber immer hervorragend funktioniert.

Achtung!
Nicht vergessen zu kündigen...

- *Wohnung*
- *Versicherungen (Haus, KFZ usf.)*
- *Telefon, Internet*
- *Mobiltelefon*
- *Strom*
- *Wasser*
- *Abonnements (Zeitung, Magazine, ggfs. Homepage, ggfs. Online-Dienste)*
- *Job*

Im Einwohnermeldeamt haben Sie sich bei Auswanderung bitte schön anständig abzumelden. Tun Sie das nicht, enden Sie womöglich als Karteileiche. Bei der Volkszählung im Jahr 2011 stellte man fest, dass in Deutschland gut 1,5 Million Menschen weniger leben als gedacht. Der Grund: Auswanderer und Rückkehrer hatten versäumt sich an- bzw. abzumelden.

Achtung!
Nicht zur Unzeit kündigen

Kündigen Sie Ihre Verträge, vor allem Wohnung und Job, erst, wenn dem Visagesuch offiziell zugestimmt wurde.

10. Where to? Freunde, Verwandte, Vermieter oder gleich die eigenen vier Wände?

Sowohl für den Visaantrag als auch für das Umzugsunternehmen ist es unumgänglich, eine US-Adresse anzugeben. An diese Adresse werden Ihre Besitztümer geliefert. Weitaus wichtiger ist aber, dass dorthin auch Ihre Green Card geschickt wird. Ändert sich Ihre Ankunftsadresse, teilen Sie dies bitte umgehend der Einwanderungsbehörde mit. Entsprechende (und zahlreiche) Warnhinweise finden sich in Ihren Einwanderungsunterlagen.

Kommen wir aber nun zur eigentlichen Frage dieses Punktes: Wo beginnen in einem neuen, fremden Land? Wenn Sie nicht zu den Privilegierten gehören, die Freunde oder Verwandte in den USA haben, die willig und fähig sind, Sie unterzubringen, müssen Sie Ihre Bleibe von Deutschland aus organisieren.

Einfach, jedoch nur eine vorübergehende und vergleichsweise teure Lösung ist das Buchen eines oder mehrere Hotelzimmer. Billiger, doch weniger komfortabel, sind Motels. Diese liegen meist in verkehrsgünstiger Lage und dienen Reisenden als Nachtquartier.

Egal ob von Deutschland aus gemietet oder erst in den USA gesucht, empfiehlt es sich, den Umzug in die eigenen vier Wände schnellstmöglich anzugehen. Eine eigene *Basis* zu haben, nimmt viel von dem Stress weg, den man ohnehin in der Eingewöhnungsphase an die neue Heimat erdulden muss. Achten Sie beim Mieten einer Wohnung darauf, dass sich Einkaufsmöglichkeiten in der Nähe befinden. Auch sollte die Wohnung möbliert sein. Küchen sind standardmäßig mit funktionierenden Appliances (Herd, Kühlschrank usf.) versehen. Gut ist, wenn auch Betten vor Ort sind. Fragen Sie die Vermieter vor Ihrer Ankunft, ob sie Ihnen Bettzeug zur Verfügung stellen und den Kühlschrank gegen Kostenerstattung oder Gebühr vollmachen können. Wenn man freundlich fragt und bereit ist, zu bezahlen, wird man selten abgewiesen. Amerikaner sind generell sehr hilfsbereit.

Mieten ist vergleichsweise sehr teuer, vor allem, wenn

Räumlichkeiten für eine ganze Familie zu bezahlen sind. Wer flexibel ist, ein wenig Mut und etwas Bargeld hat, kann sich stattdessen gleich eine Immobilie kaufen. Das frequente Kaufen und Wiederverkaufen von Häusern ist in den USA viel üblicher als in Deutschland. Ein Grund dafür mag in der hohen Mobilität der Bevölkerung liegen. Man wechselt regelmäßig den Job und scheut sich daher auch nicht vor Umzügen, wenn diese eine Verbesserung der eigenen Lage mit sich bringen. Ein Haus besitzt und bewohnt man der eigenen Lebenssituation entsprechend etwa wie ein Auto. Man beginnt vielleicht mit einem gebrauchten Kleinwagen, später kommt ein SUV mit Surfbrett auf dem Dach, die Geburt der Kinder führt zum Erwerb eines Vans, die Mid-Life-Crisis wird im Cabrio überstanden, die letzten Yards überwindet man in gemäßigtem Tempo in einer altbackenen Limousine... Ich scherze nur, doch dieses Prinzip der Anpassung gilt auch für Behausungen. Mit dem ersten Job kommt meist die erste eigene Immobilie, eine Wohnung (Condo) vielleicht. Das junge Paar kauft sich um wenig Geld ein Starterhome. Diese Häuser sind kleiner, älter und manchmal auch renovierungsbedürftig. Kinder machen oft den nächsten Umzug notwendig. Dies nicht nur wegen dem erhöhtem Platzbedarf, sondern vor allem wegen der Schule. Die Schulen finanzieren sich hier aus der lokalen Property tax. In (schlechten) Gegenden und Vierteln mit niedrigeren Immobilienpreisen fällt auch die Tax niedriger aus. Darunter leidet die Finanzierung der Schulen. Der schlecht ausgebildete Nachwuchs hat wiederum geringere Verdienstmöglichkeiten und muss dementsprechend in billigen Gegenden wohnen – das soziale Dilemma Amerikas zu wenigen Sätzen verdichtet. Wie dem auch sei, der berufliche Aufstieg und das Wachsen der eigenen Familie bedingt den Umzug in eine bessere Gegend, ohne dass das Haus an sich unbedingt besser sein muss. Für den Ruhestand verkleinert man sich dann oft wieder, oder wechselt gleich ganz den Staat, um mehr von seiner Rente (und wärmeres Wetter) zu haben. Florida lässt grüßen!

Ich halte es für eine gute Idee, zügig eine Immobilie

zu kaufen, wenn man sie cash, d.i. ohne Mortgage, ohne Darlehen von einer Bank, bezahlen kann und darüber hinaus noch genügend Ressourcen besitzt, um die ersten sechs Monate zu überstehen. Eine Möglichkeit wäre, vorab in die USA zu reisen und sich auf dem im Augenblick noch recht günstigen Häusermarkt einzudecken. Für so eine Reise braucht es auch nicht die ganze Familie – der Eigentumstitel lässt sich später noch auf den Ehepartner mitübertragen, wenn man auf so etwas Wert legt. Nachdem man die Immobilie besichtigt und für gut befunden hat, muss man für den weiteren Erwerbsprozess nicht einmal mehr persönlich anwesend sein – das erledigt auf Wunsch alles ein Makler, den man engagiert hat und dessen Provision üblicherweise vom Verkäufer bezahlt wird; für den rechtssicheren Eigentumsübergang sind Anwälte zuständig. Tatsächlich kann man den Makler sogar die Besichtigung übernehmen lassen und so alles von Deutschland aus organisieren. Ich rate zwar nicht dazu, betone aber, dass das durchaus möglich und gar nicht so unüblich ist – ausreichende Mittel und Vertrauen natürlich vorausgesetzt.

11. Immobilien mieten oder kaufen

Wenn wir schon beim Thema Hauskauf sind... Wer nicht gerade in einer größeren Stadt lebt oder sich auf nur absehbare Zeit an einem Ort aufhält, wird um den Erwerb eines Eigenheims kaum herumkommen. Mieten ist teuer und unüblicher in den USA als in Deutschland. Entsprechend klein und auf die Bedürfnisse der potentiellen Mieter zugeschneidert ist der lokale Markt – Großstädte und verdichtete Siedlungsräume ausgenommen. Betrachten Sie eine Mietwohnung oder ein Mietshaus als Übergangslösung. Lassen Sie sich nach Möglichkeit nicht auf einen längerfristigen Mietvertrag (one- or multi-year-lease) ein, wenn Sie nicht definitiv sicher sind, dass Sie am Ort und in der Wohnung bleiben wollen.

Der Hauskauf in den USA bringt einige *Besonderheiten* mit sich, die wir besprechen werden. Auch gibt es interessante Möglichkeiten, relativ günstig an Immobilien zu kommen, bzw. Preise zu verhandeln. Der Immobilienpreis wird von verschiedenen Faktoren beeinflusst. Im Gegensatz zu Deutschland spielen hier Nachbarschaft und Lage eine weit größere Rolle. Da die Qualität der öffentlichen Dienste wie Schule, Polizei, Feuerwehr usf. von der *Property tax* der Anwohner abhängt, diese aber nach dem geschätzten Marktwert der Immobilie erhoben wird, bezahlt man mit dem Kaufpreis auch Sicherheit, Lebensqualität und den Wiederverkaufswert des Hauses. So werden an sich wunderschöne Häuser zu absurd niedrigen Preisen in „schlechten" Gegenden vermarktet, während einsturzgefährdete Bruchbuden zu horrend hohen Preise angeboten und auch verkauft werden, nur weil sie sich in entsprechend „guten" Lagen befinden.

Vor allem in dicht besiedelten Städten und insbesondere in solchen, die wirtschaftliche Probleme haben, sollten Sie „schlechte" Gegenden (Bad neighborhoods) tunlichst vermeiden, geschweige denn, sich dort niederlassen.

11.1 Mieten und Mietkauf

Klassisches Mieten: In den USA laufen die Geschäfte „formal" auf Basis des Leumunds, d.h. des Rufes. Diese Eigenheit ist ein Überbleibsel aus den wilden Zeiten der Besiedlung. Sie hat bis auf den heutigen Tag überlebt, wenn auch in einer digitalisierten und entschärften Version. Der geschäftlich relevante Leumund wird an der Art gemessen, wie man beispielsweise seinen finanziellen Verpflichtungen nachkommt, d.h. ob und wie zügig man seine Rechnungen bezahlt. Wir sprechen im Abschnitt *Credit score* ausgiebig über diese Besonderheit. Als Immigrant haben Sie sich noch keinen „Ruf" als verlässlicher Geschäftspartner erwerben können. Da Vermieter standardmäßig Checks durchführen bzw. entsprechende Bestätigungen der Bank oder des Arbeitgebers erwarten, müssen Sie auf Widerstände gefasst sein. Nach ein paar Monaten, wenn Sie einen Credit score erworben haben, normalisiert sich das wieder. Am Besten ist, wenn Sie Ihre Situation offen und ehrlich kommunizieren. Stellen Sie sich trotzdem darauf ein, up front, d.h. im Voraus, eine Mietrate nebst Security deposit (Mietkaution) zu entrichten.

Neben dem Mietzins sind je nach Vertragsumfang noch Nebenkosten (Versicherungen, Gebäudereinigung usf.) sowie die Utilities wie Strom, Heizung, Telefon usf. zu bezahlen. Manche Mieten schließen bestimmte Utilities wie Wasser oder Heizung bereits mit ein. Anfallende substantielle Reparaturen an der Mietsache erledigt der Landlord oder das verwaltende Unternehmen, kleinere Reparaturen (Schönheitsreparaturen) werden üblicherweise vom Tenant getragen.

Tipp!
Mieten verhandeln

Im Gegensatz zu Deutschland sind Mietpreise in den USA durchaus verhandelbar. Manche Landlords geben großzügige Rabatte, wenn man mehrere Mieten im Voraus bezahlt und/oder einen längeren Lease abschließt. Zudem sind Landlords bereit, Ihnen Nachlässe zu gewähren, wenn Sie nötige Reparaturen oder Verbesserungen an der Wohnung durchführen. Achten Sie auf eine rechtlich sichere Dokumentation Ihres Vertrags.

Mietkauf (Rent to own): Vor allem in ländlichen Gegenden mit großem Leerstand bieten einige Eigentümer ihre Immobilien auf einer Rent to own basis an. Anbieten ist vielleicht nicht der richtige Ausdruck. Anpreisen trifft es wohl besser. Oft – aber nicht immer! – sind die Häuser in schlechtem Zustand, d.h. renovierungsbedürftig, die Gegend ein Wegzugsgebiet oder es gibt andere Probleme. Erworben wird das Eigentum mittels einer sofort zu entrichtenden Anzahlung und einem zu erfüllenden Mietvertrag über ein oder mehrere Jahre. Anstelle eines Mietvertrags kann oft auch eine Ratenzahlung an den Eigentümer vereinbart werden was u.U. steuerliche Vorteile mit sich bringt. Wird der Mietvertrag nicht erfüllt oder die vereinbarte Rate nicht bezahlt, bleibt das Eigentum beim Verkäufer, die Anzahlung geht ganz oder zumindest teilweise verloren. Viele dieser Immobilien werden meist auch zum Cashkauf angeboten. Die Rent-to-own-Option soll weniger solvente Käufer anlocken. Die so vermarkteten Immobilien sind generell am unteren Ende der Skala angesiedelt.

11.2 Von der Besichtigung zum Kauf: Ablauf eines Immobiliengeschäftes

Immobilien sucht und findet man generell auf einer der großen Seiten im Internet. Zillow, Realtor, Trulia u.a. bieten komfortable Suchfilter an. So kann man sich zügig einen Überblick über den Markt und die Preise einer Gegend verschaffen. Praktischerweise stehen die meisten Angebote online. Daneben lohnt der Blick in die lokale Zeitung. Ist der gewünschte Wohnort schon bekannt, kann man auch die Nachbarschaft mit dem Wagen befahren. Fast alle verkäuflichen Immobilien haben entsprechende for-sale signs auf dem Grundstück. Auf diesen Schildern findet man Nummer und Name des *Maklers*, bzw. des anbietenden Unternehmens. Manchmal gibt es sogar Broschüren zum Mitnehmen oder ein Open-house Termin ist angegeben. Der leichteste Weg zum Traumhaus ist, einen Makler zu engagieren, der später auch als Repräsentant für Preisverhandlungen fungiert. Für den Käufer sind die Dienste dieser Menschen meist kostenlos. In der Regel bezahlt der Verkäufer eine Provision, die dann unter den involvierten Maklern geteilt wird. Teilen Sie Ihrem Agenten möglichst genau mit, was und wo Sie suchen, welches Budget Sie haben usf. Seien Sie ehrlich und schämen Sie sich nicht, wenn Ihr Geldbeutel schmal ist – jeder fängt mal klein an. Auf Basis Ihrer Angaben wird der Makler nun eine Liste mit möglichen Immobilien zusammenstellen. Darüber hinaus erhalten Sie vom Verkäufer zur Verfügung gestellte Informationen zu bekannten Mängeln (disclosure), sowie Rahmendaten, was Property tax, Lageplan, Grundstückswert usf. angeht. Nun suchen Sie sich drei, vier Häuser aus, die Ihnen gefallen. Vielleicht fahren Sie schon einmal vorbei; die Adresse wird hier grundsätzlich bei der Annonce mit angegeben. Der Makler wird auf Wunsch einen oder mehrere Besichtigungstermine organisieren. Anders als in Deutschland kauft man hier relativ schnell. Man sucht nicht fünf Jahre nach dem Super-Schnäppchen oder dem einzigartigen Traumhaus, in dessen Garten man dann auch begraben werden möchte, sondern man kauft, was passt und wiederverkauft, wenn es eben nicht mehr passt.

Nachdem man sich für eine Immobilie entschieden hat, gibt man ein Offer, ein Angebot ab. Keine Angst, dieses Angebot ist nur halb-bindend und die Voraussetzung für eine *Hausinspektionen* und weitere

Verhandlungen. Ein Offer wird meist in Form eines Checks in Höhe von 3-5% des ausgewiesenen Preises angeben. Ihr Makler wird den Check dem Makler des Verkäufers als Unterpfand für Ihr Interesse präsentieren. Eingelöst wird der Check erst, wenn der Verkauf unter Dach und Fach ist (Settlement).

Achtung!
Solvenznachweis/ Mortgage pre-approval

Wenn Sie ein Offer abgeben, müssen Sie dem Verkäufer beweisen, dass Sie auch für den Rest der Kaufpreissumme gut sind. Ihr Makler muss den Solvenznachweis dem Verkäufer vorlegen. Ein solcher Solvenznachweis ist etwa eine Mortgage (pre)-approval einer Bank. Die Bank sagt damit, dass Sie gut für einen Immobilienkredit in der Höhe von X sind. Wenn Sie cash bezahlen wollen, bitten Sie Ihre Bank um eine schriftliche Bestätigung Ihrer Einlage in der erforderlichen Höhe oder – etwas unfein – zeigen Sie einen aktuellen Kontoauszug mit dem entsprechenden Guthaben vor.

Der nächste Schritt ist die technische Inspektion des Hauses. Hierzu wird ein Home inspector engagiert. Ihr Makler wird Ihnen jemanden empfehlen können. Sie können aber auch einen Blick ins Telefonbuch oder das Internet werfen. Eine Inspektion kostet je nach Umfang des Hauses und der Untersuchung einige hundert Dollar. Neben der bautechnischen Untersuchung kann man noch etliches anderes checken lassen. Hat das Haus eine septische Grube muss diese zum Beispiel den Standards der Gemeinde genügen. Hat das Haus einen eigenen Brunnen sollte man die Wasserqualität im Labor testen lassen. Im Kellerbereich kann man nach Radon suchen lassen, ein krebserregendes Gas, das hier recht häufig vorkommen soll. Sie können unglaublich viel Geld für diese Inspektionen ausgeben. Es gibt sogar Spezialisten, die für Sie herausfinden, ob Ihr Traumhaus von Geistern heimgesucht wird. Kein Scherz! Wenn Sie eine Hausinspektion in Auftrag geben, beschränken Sie sich

vernünftigerweise das Wesentliche.
Nach der Inspektion erhalten Sie einen Bericht der gefundenen Mängel. Diese Liste ist die Grundlage für die weitere Preisverhandlungen. Entweder der Verkäufer führt bestimmte Reparaturen selbst durch oder erstattet Ihnen deren Kosten in Form eines Preisnachlasses. Übertreiben Sie nicht beim Einfordern eines Nachlasses. Ist die Immobilie begehrt oder liegen andere Angebote vor, wird der Verkäufer u.U. die Verhandlung abbrechen. Wenn Sie sich indes nicht sicher sind, ein gutes Geschäft zu machen oder der Zustand der Immobilie Ihren Vorstellungen nicht entspricht, haben Sie nun die Möglichkeit, sich von Ihrem Angebot zu distanzieren.

Achtung!
Verbindlich unverbindlich bleiben

Ihr Angebot ist rechtlich bindend. Standardmäßig werden Ihrem Offer aber Klauseln hinzugefügt (der Makler wird entsprechende Vertragsentwürfe zu Hand haben), die Ihnen viele Möglichkeiten zum Rücktritt offenhalten, etwa, wenn Sie mit dem Ergebnis der Hausinspektion unzufrieden sind. Trifft keine der Rücktrittsklauseln zu, kann der Verkäufer auch bei Nichtzustandekommen des Geschäfts Ihre Anzahlung u. U. einbehalten. Auch aus diesem Grund ist das Einschalten eines Maklers empfehlenswert. Er wird Sie sicher durch den gesamten Prozess führen.

Sind Sie sich mit dem Verkäufer einig geworden, wird ein Datum für das Settlement bestimmt. An diesem Tag wird der restliche Kaufpreis nebst einiger Gebühren und Steuern fällig und Sie werden sofort Eigentümer und Besitzer der erworbenen Immobilie.
Ein Settlement wird gewöhnlich von spezialisierten Anwälten erledigt. Ihr Makler wird Ihnen einen Real Estate Attorney empfehlen, der Sie gegen Gebühr vertritt. Dieser teilt Ihnen dann die zum Settlement fällige Gesamtsumme des Geschäfts mit. Neben dem Restkaufpreis (verhandelter Gesamtkaufpreis - Anzahlung) werden Anwaltsgebühren, eine

Titelversicherung (Title insurance – diese stellt sicher, dass Sie rechtlich auch Eigentümer der erworbenen Immobilien werden), Kosten des Deeds (Eigentumsurkunde) und andere Kleinigkeiten fällig. Dazu müssen Sie monatsanteilig dem Verkäufer die für das laufende Jahr bereits entrichtete Property tax zurückerstatten. Der ganze Akt dauert vielleicht eine Stunde. Nach den geleisteten Unterschriften sind Sie glücklicher Besitzer einer Immobilie.

Achtung!
Besichtigung vor dem Settlement

Stellen Sie unbedingt sicher, dass Sie die Immobilie unmittelbar vor dem Settlement noch einmal begehen können. Das ist vollkommen üblich und sehr wichtig. Ihr Makler wird das für Sie arrangieren. Stellen Sie sicher fest, dass die Immobilie sich im vertraglich vereinbarten Zustand befindet und geräumt ist. Ist Sie das nicht, monieren Sie sofort! Schreiben Sie die Zählerstände auf. Teilen Sie diese möglichst rasch nach dem Settlement den jeweiligen Versorgern (Strom, Telefon, Wasser usf.) mit, falls das nicht schon der Verkäufer erledigt hat. Wenn Sie nicht sicher sind, an wen Sie sich jeweils wenden müssen, fragen Sie Ihren Makler.

Ich möchte noch auf zwei weitere Besonderheiten eingehen.

As is where is: Immobilien am unteren Ende der preislichen Skala werden häufig als „as is" angeboten. Das heißt, dass der Verkäufer Mängelhaftung und Nachverhandlung kategorisch ausschließt. Sie kaufen, was Sie sehen, wie und wo es ist. Selbstverständlich können Sie auch diese Immobilien inspizieren lassen und u.U. sollten Sie das auch tun.

Wenn Sie sich Ihrer Sache sehr sicher sind, können Sie auch einem regulären Verkäufer, der grundsätzlich bereit wäre, Reparaturen vorzunehmen, anbieten, eine Immobilie im Ist-Zustand ohne weitere Inspektion abzukaufen – natürlich gegen einen entsprechend reduzierten Preis. Sind Sie sich unsicher, wagen Sie solche Abenteuer bitte nicht.

Pricerange: Je nachdem wie begehrt oder nicht begehrt eine Immobilie ist, variiert das Spektrum akzeptabler Angebote. Ist das Haus oder die Wohnung begehrt, wird man oft mehr als den Asking Preis (d.i. der im Exposé angegebene Preis) bezahlen müssen. Umgekehrt sind teilweise bedeutende Nachlässe möglich. Vor allem bei sogenannten Sub-Prime Immobilien (schlechte Lage, schlechter Zustand) kann ein Cash buyer, der zu einem schnellen Abschluss bereit ist, sehr, sehr viel sparen. Es gibt hier nicht wenige Geschäftsleute, die mit solchen Transaktionen ihr Geld verdienen.

12. Schnäppchen- und Schnippchenhäuser

Gerade für Aussteiger, Menschen mit kleinem Budget oder Leuten, die schlichtweg keine Lust mehr haben, sich zu verschulden, ist die Frage von bezahlbarem Wohneigentum existentiell. Wer ein abbezahltes Häuschen sein eigen nennen kann, hat bereits einen Riesenschritt in Richtung persönlicher Freiheit und Selbständigkeit getan. Ich empfehle daher jedem, dem es irgendwie möglich ist, sich ein Haus um sein Geld zu kaufen – lieber eines, das ein wenig zu klein oder alt ist, als eines, für das man einen Kredit aufnehmen und diesen mit Zins zurückzahlen muss.

Nach dem Platzen der Immobilienblase 2007/08 hat der US Markt eine Ära allmählicher Konsolidierung erlebt. Die Preise sind zwar wieder angestiegen, haben aber noch nicht jenes aufgeblasene und unrealistische Niveau von Vorkrisenzeiten erreicht. Dank verschärfter Bedingungen, was die Vergabe und Absicherung von Darlehen angeht, hat sich eine gewisse konservative Grundhaltung bei der Kreditvergabe eingebürgert, die die Marktaktivität insgesamt etwas verlangsamt hat. Kurz gesagt: Es ist keine schlechte Zeit, sich ein Häuschen zuzulegen. Allerdings sind einige Faktoren unbedingt zu berücksichtigen.

Lage: Wie bereits erwähnt determiniert die Qualität der jeweiligen Nachbarschaft einen großen Teil des Immobilienwerts. Nachbarschaften können sich je nach demographischer und wirtschaftlicher Entwicklung der Region relativ schnell verändern. Viele Middle- oder Working-class neighborhoods haben sich im Lauf weniger Jahre in regelrechte Ghettos verwandelt. Man denke nur an die suburbanen Wüsteneien von Detroit oder die Innenstädte einstiger Industriezentren im Rust belt wie Syracuse oder Albany (Upstate NY). Da sich die Gemeinden größtenteils über die Property tax sowie die Abgaben ansässiger Betriebe finanzieren, induziert der wirtschaftliche Abstieg einer Region einen wahrhaften Teufelskreis des Niedergangs. Ein Betrieb schließt, Arbeitsplätze gehen verloren, Häuser werden verkauft, das Überangebot senkt die Preise. Es kommt zu massiven Steuerausfällen, was zur Erhöhung der Abgaben für die verbleibenden Anwohner und Betriebe führt, was diese wiederum zur Abwanderung geneigt macht... Am Ende kürzt die Gemeinde Ihre Ausgaben für Schule, Polizei, Infrastruktur. Die Attraktivität der Gegend sinkt. Neue Investoren bleiben aus. Die sinkenden Hauspreise führen zum Zuzug oder Verbleib sozial benachteiligter Personen. Kriminalität und Armut beginnen das Gesicht der Nachbarschaft zu prägen – ein Problemviertel ist geboren.

Sie wollen in keinem dieser Problemviertel leben. Lassen Sie sich von den hier angebotenen Schnäppchen nicht täuschen: Das nett renovierte Haus um 1.000-10.000$ ist sein Geld oft nicht wert.

Auf der anderen Seite – wer keine Kinder und kein Problem mit dem Leben in einer solchen Gegend hat, kann hier sehr günstig zu einem Eigenheim kommen. Der Großteil der Kriminalität ereignet sich unter der Mitgliedern der je betroffenen Schicht. Man kann durchaus in einem kritischen Viertel leben, ohne Teil dieser Schicht oder Opfer eines Gewaltverbrechens zu werden. Vernünftig ist es, to blend in, d.h. sich unauffällig zu verhalten. Stellen Sie sich keinen Porsche in die Einfahrt, vergittern Sie Ihre Fenster nicht und marschieren Sie nicht im Designeranzug durch die Nachbarschaft, dann passiert Ihnen auch nichts.

Stadtflucht: Ähnlich wie in Deutschland existiert auch in den USA der Trend vom Land in die urbanen Zentren (bzw. in ihren Dunstkreis, in die Vororte) zu ziehen. Dieser Trend führt zu einem wachsenden Preisgefälle zwischen Land und Stadt. Wenn Sie Einsamkeit und wilde Natur lieben, und es Ihnen nichts ausmacht für den Lebensmitteleinkauf und sonstige Besorgungen eine gewisse Strecke zu fahren, können Sie in den USA, was das Hausangebot angeht, aus dem Vollen schöpfen. Mehrere Acres (1 Acre entspricht etwa 4000qm) Land mit Haus, Nebengebäuden, privatem Brunnen und Abwassergrube sind hier leicht und für wenig Geld zu ergattern. Auch die Property taxes sind auf dem Land generell niedriger, was durch die Entfernung zu bzw. die Abwesenheit von bestimmten öffentlichen Dienstleistungen zu erklären ist. Wer zum Beispiel seine Kinder zu Hause unterrichten will, braucht keine (gute) Schule in der Nähe und kann sich dementsprechend den Schulgeldanteil seiner Property tax – das ist die meist größte Position – sparen. Wer sich für ein solche Immobilie interessiert, sollte allerdings sicherstellen, dass Stromversorgung und vor allem Telefon, nebst Internet zur Verfügung stehen. Auch sollte für ein ausreichendes Einkommen gesorgt werden, da man in rural und remote (ländlich und einsam) areas nicht ohne Weiteres einen Job finden kann.

Renovierungsprojekte: Das typische amerikanische Haus ist in Holzständerbauweise errichtet und auch für den ungeübten Heimwerker relativ einfach zu renovieren. Die baulichen Standards sind hier eindeutig niedriger angesetzt als in Deutschland. Kleine Unvollkommenheiten werden gemeinhin toleriert, Reparaturen nicht selten mittels Provisorien gehandhabt. Home Depot und Lowe´s – die beiden größten Baumarktketten – und andere Mitbewerber stellen praktisch für jedes Problem am und im Haus Lösungen bereit, die für den Laien machbar sind und immens viel Geld sparen. Die Trockenbauweise erlaubt zudem ein hohes Reparaturtempo.

Wer sich ein Projekt nicht alleine zutraut, kann über die lokale Zeitung einen Handyman engagieren. Ein Handyman ist nicht unbedingt ein gelernter Handwerker, verfügt aber über entsprechende Fertigkeiten, die er gegen ein verhandelbares Honorar zur Verfügung stellt. Überzeugen Sie sich vorab von der Zuverlässigkeit und Kompetenz Ihres Helfers.

Baumaterial und Werkzeug können Sie in genannten Home improvment stores erwerben. Größere Mengen (z.B. Bauholz, Fenster usf.) sind meist günstiger in spezialisierten Betrieben zu bekommen.

Die Dienste regulärer Handwerker sind in den USA oft günstiger als in Deutschland. Fordern sie vor der Auftragsvergabe ein Estimate (Schätzung) oder gleich eine fixe Quote (Angebot) an. Preise sind hier verhandelbar – verhandeln Sie also. Vor allem, wenn Sie bereit sind, die vereinbarte Summe bis zu einem bestimmten Datum zu bezahlen oder sogar in Vorleistung zu treten (bitte Vorsicht!), können Sie bedeutende Nachlässe erhalten.

Mobile/ Manufactured homes: Mobiles homes sind eine amerikanische Besonderheit, die erklärungsbedürftig ist. Ursprünglich handelt es sich hier um großzügig dimensionierte Wohnwägen. Den älteren Modellen (70er-80er Jahre) sieht man durchaus noch an, dass sie primär als Fahrzeuganhänger konstruiert wurden. Modernere Einheiten (ab den 90ern) dagegen gleichen in Form und Funktion eher klassischen Einfamilienhäusern. Hier spricht man dann von Manufactured homes.

Mobile/ Manufactured homes werden in Fabriken gebaut und dann via Sattelschlepper an den Wunschort gebracht, wo man sie auf ein Fundament stellt oder auf einem Concrete slap aufbockt. Es gibt diese Bauten in ganz verschiedenen Größen und Ausführungen, wobei die einzelnen Elemente freilich in Höhe, Länge und Breite den Transportmöglichkeiten auf der Straße gemäß beschränkt sind. Eine einzelne Einheit nennt man Single Wide. Kombiniert man zwei Einheiten wird daraus ein Double Wide. Drei Eineiten ergeben ein (seltenes) Triple Wide.

Moderne Mobile/ Manufactured homes sind nach dem Aufbau nur noch sehr beschränkt bewegungsfähig. Qualität und Ausstattung dieser Gebäudehybriden ist ganz unterschiedlich und reicht vom Wohncontainer bis zur Luxusvilla. Generell sind Manufactured homes sowohl in der Anschaffung als auch im Erwerb als Bestandsgebäude bedeutend günstiger als regulär errichtete Häuser (site-built). Steuerlich werden sie niedriger taxiert. Oft sind sie qualitativ minderwertiger hergestellt und weniger energieeffizient – wobei es hier je nach Hersteller, Modell und Baujahr enorme Unterschiede gibt. Deckenhöhen, Türweiten und Einbauten wie Waschbecken usf. unterscheiden sich häufig von normalen Häusern. Der Schallschutz ist konstruktionsbedingt meist schlechter, ebenso die Dämmung. Da auch von Banken als Fahrzeug mit entsprechend hohem Wertverfall eingeschätzt, ist es schwieriger und teurer Mobile/ Manufactured homes zu finanzieren.

Mobile/ Manufactured homes sind eine Wohnalternative, die vor allem von den unteren Einkommensschichten gerne gewählt wird, was dem nicht gerade guten Ruf dieser Wohnart zusätzlich abträglich ist. Mobile Homes finden sich oft in sog. Mobile Home Parks – vor allem in urbanen Gegenden, wo die Grundstückspreise hoch sind. Neben den Utilities entrichtet man eine monatliche Standmiete, bzw. Miete für das Mobile Home. Es gibt verschiedene Arten von Parks, die auf eine je unterschiedliche Klientel spezialisiert sind wie Parks für Familien oder 55+ Parks für Ruheständler. Bessere Anlage bieten bestimmte Annehmlichkeiten wie ein Schwimmbad oder einen Goldplatz. In billigeren Anlagen stehen Singlewides eng an eng, Armut und Kriminalität sind an der Tagesordnung.

In ländlicheren Regionen finden sich auch Mobile/Manufactured homes, die auf eigenem Grund stehen, wo sie als billige Alternative zum regulären Haus errichtet wurden.

Ich habe mir mehrere solcher Mobile homes angeschaut. Für meine Zwecke wären sie völlig ausreichend gewesen. Zu bedenken ist freilich, dass sie stark an Wert verlieren. Auf der anderen Seite hat das den Vorteil, dass man relativ junge Einheiten (um die 10-15 Jahre) für einen Bruchteil des Preises erwerben kann, den ein reguläres Haus kosten würde. Insofern man das Land, auf dem das künftige Mobil-Häuslein steht, dazu erwirbt, kann man auch den unvermeidlichen Wertverfall ein Stück weit kompensieren. Ein netter Vorteil ist, dass man sich Einiges an Property tax spart, da diese Gebäudeart vom Fiskus niedriger eingestuft wird.

13. Credit score

Ihr Credit score ist eine Punktzahl, die von Unternehmen wie FICO erstellt wird, um Ihre Kreditwürdigkeit zu definieren. Sobald Sie ein Konto eröffnen, werden Sie Teil eines semi-öffentlichen Apparats, der in etwa wie unsere Schufa funktioniert. Sämtliche über Ihre Bank abgewickelten Transaktionen werden erfasst und *bewertet*. Wenn Sie Ihre Rechnungen pünktlich und korrekt bezahlen, steigt Ihre Punktzahl. So gelangen Sie allmählich zum „Ruf" ein verlässlicher Geschäftspartner zu sein. Ein guter Ruf ist bares Geld wert, ein schlechter kann sehr kostspielig sein. Personen mit einem hohen Credit score werden von Unternehmen oft mit besonderen Promotions oder Offers umworben. Sie erhalten auch Kredite zu besseren Konditionen.

Um einen Credit score möglichst zügig zu etablieren, ist es empfehlenswert, sich eine Kreditkarte zuzulegen und diese häufig zu benutzen. Kreditkarten werden einem bei der Kontoeröffnung angeboten. Wer das erste Mal ein Konto eröffnet, muss ggfs. für die Kreditkarte eine Jahresgebühr bezahlen und eine Sicherheit in Höhe des gewünschten Limits hinterlegen. Sobald man einen passablen Credit score erworben hat, wird die Bank auf diese Sicherheit verzichten und auch eventuelle Jahresgebühren nicht mehr einfordern. Kreditkarten sind häufig mit bestimmten Rewards oder Boni verknüpft. Je nachdem wofür Sie die Karte einsetzen, können Sie so mehrere Hundert Dollar im Jahr zurückvergütet bekommen. Ihr Kreditkartenkonto können Sie ausgleichen, indem Sie die monatliche Abrechnung bezahlen. Alternativ können Sie die Karte vorab mit einem Guthaben befüllen (overpay), das Sie dann verbrauchen. Letzteres hat den Vorteil, dass Sie auf jeden Fall Verzugszinsen vermeiden.

Nach Kontoeröffnung dauert es etwa 3-6 Monate bis Sie einen aussagekräftigen Score erhalten. Diesen können Sie bei Ihrer Bank abfragen.

14. Zahlen bitte!

In Deutschland bezahlt man seine Rechnungen meist per Überweisung, Dauerauftrag oder Einzugsermächtigung (Sepa-Mandant). Im Supermarkt zahlt man bar oder mit Kontokarte. In den USA ist das ein wenig anders. Ich will mich hier nicht darüber verbreiten, welche Zahlungsarten besser, angenehmer, effizienter sind, sondern liste einfach die gebräuchlichen Methoden auf.

Postalische Rechnungen zahlt man gewöhnlich per *Check*. Den meisten Rechnungen sind Abrisse und Rückkuverts beigelegt. Man steckt den ausgefüllten Check nebst Abriss in das Rückkuvert und sendet das Ganze an den Zahlungsempfänger zurück. Dieser löst dann den Check ein.

Sie können auch im Supermarkt mit einem Check bezahlen. Besonders üblich ist das aber nicht mehr. Auch hier hat Plastik Papier verdrängt.

Die *Debit card* ist meist eine Kreditkarte, die direkt mit einem Checking account (d.i. das amerikanische Äquivalent unseres Girokontos) verknüpft ist. Diese Karte benutzt man exakt wie unsere Girokarte. Sie können sie aber auch als Kreditkarte bei Bestellungen im Internet oder telefonisch nutzen, indem Sie die Kartennummer, Gültigkeitsdatum, Name usf. angeben.

Kreditkarten (Credit card) werden praktisch überall als Zahlungsmittel akzeptiert. Auch kleinere Geschäfte sind gewöhnlich mit entsprechenden Kartenlesern ausgestattet (achten sie auf entsprechende Akzeptanzhinweise an den Eingangstüren) und selbst kleinere und kleinste Beträge können mit den kostbaren Kärtchen bezahlt werden. Im Vergleich zu Deutschland sind hier die meisten Karten kostenfrei für den Benutzer. Eventuell anfallende Transaktionsgebühren trägt der Verkäufer. Wie bereits erwähnt bieten viele Kreditkarten Boni bei Benutzung an. So kann man beim Einkaufen, Tanken, Bestellen, Buchen usf. teilweise bedeutende Summen einsparen.

Wiederkehrende Rechnungen können Sie bequem via

Autopay (eine Art Dauerauftrag) online erledigen. Dafür müssen Sie lediglich ihr Konto entsprechend einrichten lassen.

Bargeld lacht. Selbstverständlich können sämtliche Rechnungen auch bar bezahlt werden – sogar die Utilities. Dazu müssen Sie allerdings die jeweiligen Bezahlstellen (Büros, Kassen usf.) aufsuchen. Der Zahlungsempfänger gibt Ihnen Auskunft. Es ist zwar nicht üblich, bar zu zahlen (außer vielleicht kleinere Beträge im Supermarkt oder im Restaurant), aber immer möglich. Bargeld ist das einzige gesetzlich erlaubte Zahlungsmittel in den USA.

15. Banking

Das Äquivalent unseres Girokontos ist der sogenannte *Checking account*. Bei der Kontoeröffnung wird einem meist noch ein *Savings account* – dieses Sparkonto bringt marginale Zinsen – und eine oder mehrere Kreditkarten angeboten. Die anfallenden *Kontogebühren* kann man unter bestimmten Umständen umgehen, etwa, wenn man ein gewisse Monatsbalance aufrechterhält, fixe Zahlungseingänge (z.b. Gehalt, Rente) hat oder ein reines online Konto eröffnet. Es empfiehlt sich verschiedene Banken zu vergleichen, um das individuell optimale Angebot zu finden.

Im Gegensatz zu Deutschland gibt es in den USA noch recht viele regionale und lokale Banken, deren Serviceumfang sich teilweise erheblich voneinander unterscheidet. Wenn man vor Ort bleibt, kann eine lokale oder regionale Bank durchaus eine gute Wahl sein. Wer sich unsicher ist, ob er nicht in absehbarer Zeit umziehen wird, sollte seine Geldangelegenheiten lieber über eine der großen Banken mit nationalen *Filialnetz* abwickeln lassen. Große Spieler mit zahlreichen lokalen Filialen sind beispielsweise Wells Fargo, Citibank oder die Bank of America.

Tipp!
Geldmittel von Deutschland in die USA überweisen

Nach Einreise und Eröffnung eines Kontos wird man u. U. seine Geldmittel in die neue Heimat transferieren wollen. Dies geschieht mittels Auslandsüberweisung.

Generell sind Gebühren und Umtauschkosten bei einer Auslandsüberweisung gedeckelt. Wenn es sich um eine größere Summe handelt (bspw. das Geld von einem Hausverkauf) kann die Order nicht telefonisch gegeben werden, sondern man muss sich eines speziellen Formulars für Auslandsüberweisungen (das Ding heißt: Zahlungsauftrag im Aussenwirtschaftsverkehr) bedienen und es postalisch an die Bank nach Deutschland senden. Die Überweisung erfolgt dann prompt und problemlos.

16. Grocery shopping

Der tägliche Gang zum Supermarkt um die Ecke ist in den USA eher die Ausnahme, wenn sie nicht gerade in einem der urbanen Zentren leben. Der Großteil der Märkte befindet sich in lokalen Einkaufszentren. Diese reichen von kleineren „Inseln" mit einer Handvoll von Geschäften bis zu quadratmeilen großen Anlagen mit hunderten von teilweise riesenhaften Stores und Malls. Der durchschnittliche Amerikaner geht alle ein bis zwei Wochen einkaufen. Der durchschnittliche Einkauf dauert bedeutend länger als in Deutschland. Gründe dafür sind die je zu überwindenden Entfernungen zum und im Supermarkt. Auch die Kassen arbeiten hier generell langsamer. Man wird nicht hastig abgefertigt wie in Deutschland, sondern braucht einiges an Geduld – etwas, woran man sich dringend und baldmöglichst gewöhnen sollte. Dafür werden einem auch die Einkäufe in viele nette Plastiktüten verpackt. Ein Tipp zum Geldsparen und Umweltschützen: Benutzen Sie die Einkaufstüten als Abfalltüten!

Wie bereits erwähnt, sind Lebensmittel hier teurer als in Deutschland. Auch wird man bestimmte Produkte nicht oder nur schwer finden. Dafür gibt es landestypische Alternativen. Insgesamt ist die Auswahl größer und die Qualität der Produkte, vor allem Fleisch, Obst und Gemüse scheint mir besser zu sein – ein subjektiver Eindruck womöglich.

Es gibt verschiedene Möglichkeiten, beim Einkaufen zu sparen. Die Ersparnisse sind hier so signifikant, dass man sich auf jeden Fall mit den jeweiligen Optionen eingehend beschäftigen sollte.

Ich gehe hier die wichtigsten durch:

Discounter: Auch in den USA gibt es Grocery Discounter – dies leider oft nur in dichter besiedelten Regionen. ALDI etwa baut sein Filialnetz stetig aus. Daneben gibt es noch Bottom Dollar, Save-a-lot und andere. Wie bei uns in Good old Germany haben Discounter meist eine kleinere Auswahl an Waren zu besseren Preisen.

Auch an unwahrscheinlichen Orten finden sich diskontierte Lebensmittel, so etwa in Großmärkten wie Walmart und Target. Je nach Lokalität findet man hier auch Frischfleisch und Produce (Obst und Gemüse) zu sehr guten Preisen. Viele dieser Märkte bieten spezielle Kredit- oder Debitkarten an. Benutzt man diese, um seinen Einkauf zu bezahlen, erhält man teils recht beachtliche Preisnachlässe (z.b. Target Redcard 5% Kassenrabatt auch auf Sonderangebote).

Kundenkarten: Mit den entsprechenden Kundenkarten kann man oft enorm sparen und viele Sonderangebote in Anspruch nehmen. Man erhält die Kundenboni sofort an der Kasse in Gestalt von Rabatten. Bezahlt man den Einkauf dann noch mit einer entsprechenden Kreditkarte mit cash-back Funktion spart man zusätzlich 1-3%.

Coupons: Etwas aus der Mode gekommen sind sogenannte Couponhefte. Diese Werbehefte sind angefüllt mit allen möglichen Sonderrabatten in Gestalt von Coupons. Diese Coupons gelten für ein bestimmtes Produkt unabhängig davon, wo es gekauft wird. Man erhält einen Preisnachlass, 2 oder 3 für eines usf. Coupons schneidet man aus und macht diese an der Kasse geltend. Couponsparen ist sehr effektiv, jedoch zeitaufwendig.

Generic products: No-name-Produkte oder Hausmarken imitieren Markenprodukte, sind aber viel günstiger als diese.

17. Utilities: Strom, Wasser, Heizung, Telefon, Internet

Die USA umfassen ein sehr großes Territorium, in welchem viele verschiedene Staaten, ihre inneren Angelegenheiten je nachdem ein wenig anders erledigen. Die folgenden Aussagen über die Utilities beziehen sich auf die Neuenglandstaaten im Nordosten der USA. Ich schätze jedoch, dass es anderswo ähnlich gehandhabt wird.

Sobald Sie sich um Ihre Wohnung/Haus gekümmert haben, sei sie gekauft oder gemietet, sollten Sie sich um die Versorgung mit Strom, Wasser usf. bemühen.

Was die Versorgung mit *Strom* angeht, wird diese Dienstleistung in zwei Bestandteilen angeboten: Delivery and Supply. Delivery bezeichnet die Lieferung des Stroms durch die je bereitgestellte (teilweise ziemlich archaisch anmutende) Infrastruktur. Supply bezeichnet die konkrete Menge verbrauchten Stroms. Je nachdem, wo Sie wohnen, steht Ihnen auf der Lieferseite oft nur ein Anbieter zur Verfügung. Was die gekaufte Quantität an Strom angeht, haben Sie indes die freie Wahl zwischen etlichen Anbietern.

Ihre Stromrechnung setzt sich aus den Kosten für die Lieferung und konkreten monatlichen Verbrauch zusammen. Sie erhalten jeden Monat eine Verbrauchsrechnung, außer Sie haben mit Ihrem Anbieter ein Abschlagszahlung vereinbart – was hier allerdings eher unüblich ist. Die Stromzähler befinden sich außerhalb des Hauses und werden monatlich abgelesen.

Sparen können Sie, wenn Sie von Ihrem Anbieter ein bestimmtes Jahresquantum vorkaufen oder einen Jahresvertrag abschließen. Versüßt werden diese Angebote mit Preisgarantien. Die Strompreise schwanken hier wie die Heizölpreise von Monat zu Monat.

In Kontakt treten Sie mit Ihrem Anbieter am bequemsten via dessen Homepage. Meist können Sie sich online anmelden. Ansonsten rufen Sie einfach an.

Im Frühjahr 2017 lag der Strompreis (Gesamtpreis Delivery+Supply) in den Neuenglandstaaten bei knapp unter 0,2$ pro kWh. Im Rest der USA schwanken die Energiekosten zwischen 0,1-0,15$ pro kWh.

Die *Wasserversorgung* übernehmen meist lokale oder regionale Versorger, die privat geführt werden oder sich in öffentlicher (bzw. halböffentlicher) Hand befinden. Auch hier erhalten Sie Monats- /oder Quartalsrechnungen. Ein Anruf genügt, um mit dem Anbieter alles Nötige zu besprechen. Eine große Wahl haben Sie hier leider nicht.

Achtung!
Sauberes Trinkwasser

Die Trinkwasserstandards sind in den USA niedriger als in Deutschland. Auf der Homepage ihrer Gemeinde können Sie sich über Qualität und eventuell eingebrachte Zusätze wie Fluorid oder Chlor erkundigen. Die meisten Amerikaner filtern ihr Leitungswasser schon aus Geschmacksgründen. Je nachdem wie gut oder schlecht die Qualität ist, setzen Sie bitte hochentwickeltere Filter ein: Es gibt hier einen sehr reichlichen Markt an Produkten, die praktisch in jedem Supermarkt geführt werden. Auch Fluoridfilter sind erhältlich, falls Sie Vorbehalte gegen diesen Zusatz haben.

Wenn Sie über einen eigenen Brunnen (Well) verfügen – was auf dem Land durchaus üblich ist –, lassen Sie die Wasserqualität regelmäßig in einem Labor checken. Dieser Überprüfung kostet nur wenige Dollar, erspart Ihnen aber u.U. nicht ungefährliche Erkrankungen. Vor allem wenn Kleinkinder im Haus leben, ist auf die Reinheit des Trinkwassers unbedint zu achten.

In urbanen Räumen sind die Häuser meist an das öffentliche *Kanalsystem* angeschlossen. Die Gebühren werden auf den Trinkwasserpreis aufgeschlagen, ganz so wie in Deutschland. Auf dem Land sind sogenannte Septics (private Abwassergruben) üblich. Diese müssen in regelmäßigen Abständen abgepumpt werden, was je nach Größe des Tanks einige Hundert Dollar kosten wird.

Häuser in den USA verfügen über eine Vielzahl möglicher und unmöglicher *Heizsysteme*. Die klimatischen Gegebenheiten sind dabei ebenso ausschlaggebend wie die Haustechnik und -konzeption. In den südlichen Regionen der USA spielen Heizungen meist nur eine untergordnete Rolle. Hier ist die Klimatisierung im Sommer bedeutend wichtiger. Diese wird mittels Deckenventilatoren und/oder Klimaanlage geleistet. Letztere werden oft in die Fenster eingebaut; ein unschöner Anblick, aber immer noch besser, als den riesenhaften Kühlschrank aufzureißen – eine amerikanische Unsitte in den unteren Schichten. Holzhäuser, wie man sie in den USA kennt und liebt (Holzständerbauweise), sind grundsätzlich besser gegen Kälte als gegen übermäßige Wärme gefeit.

Folgende Heizsysteme sind üblich – ich bespreche sie kurz mit ihren jeweiligen Vor-und Nachteilen, da sie sich in Funktion und Betrieb teilweise sehr von der in Deutschland weit verbreiteten warmwasserführenden Zentralheizung mit Raumkonvektoren unterscheiden:

Elektrische Fußleistenheizung (Baseboard heater): Es handelt sich hier um graue oder weiße laminierte Minikonvektoren, die sich, wie der Name schon sagt, an der Fußleiste eines Raums meist unter den Fenstern entlangziehen. Die aufsteigende Warmluft wird im Gegensatz zur regulären Konvenktionsheizung nicht im Raum verteilt, sondern erwärmt die Wand. Diese gibt die Wärme als Strahlung an den Raum ab.

Ein entscheidender Vorteil dieser Heizart ist, dass die kältegefährdeten Außenwände erwärmt werden. Dadurch wird der Schimmelbildung vorgebeugt. Ein weiterer Vorteil ist, dass die unangenehme Warmluftumwälzung (Heizungsluft) durch Wärmeabgabe an die Wand größtenteils vermieden wird. Weiterhin sind diese Heizsysteme wartungsfrei, langlebig und ggfs. leicht und billig zu ersetzen.

Nachteilig sind vergleichsweise hohe Heizkosten. Strom ist in den USA zwar günstiger als in Deutschland, doch trotzdem teurer als Öl oder Gas. Weiterhin müssen die Lamellen regelmäßig gereinigt werden, was aufwendig ist. Versäumt man den Staub zu entfernen, treten bald unschöne Verfärbungen an der Wand auf.

Elektrische Konvektionsheizung: Hierbei handelt es sich um bessere Heizlüfter, die teils fest installiert, teils mobil in den Räumen verteilt sind. Diese Geräte finden meist nur bei sehr kleinen Immobilien (unter 1000sqf) oder in wenig genutzten Räume (Gästebad im ausgebauten Keller, Werkstatt usf.) Anwendung, da sie vergleichsweise teuer und ineffizient ist.

Der einzige Vorteil solcher Konvektoren ist, dass sie in der Anschaffung sehr billig sind. Kleine Modelle gibt es für weit unter 50$ im Baumarkt. Gebrauchte Exemplare sind noch günstiger zu haben.

Die Nachteile habe ich bereits genannt: Teuer im Unterhalt und vor allem bei schlecht isolierten Gebäuden der Aufgabe, eine angenehme Zimmertemperatur zu erzeugen, oft nicht gewachsen.

Warmluftzentralheizung (Forced air): Viele, vor allem neuere Gebäude (ab den 60ern praktisch Standard) sind mit warmluftführenden Lüftungssystemen ausgestattet. Auch ältere Häuser wurden diesbezüglich vielfach nachgerüstet. Über Schächte in Decke, Wand oder Boden wird das Haus belüftet und im Winter geheizt. Ein Furnace (Heizofen) erwärmt Luft, die dann über das System in den Räumen verteilt wird. Gesteuert wird die Temperatur entweder über ein in der Mitte des Hauses liegendes Terminal oder am Heizkessel selbst. Schwieriger ist es, die Warmluftzufuhr durch Einstellung der Lamellen am Schachtausgang zu regulieren. Der Heizkessel wird meist mit Gas (Erdgas oder Flüssiggas) oder Öl gefüttert. Mittlerweile gibt es aber auch Systeme, die mit Pelletfuel (Pellets) betrieben werden.

Ein bedeutender Vorteil dieser Heizart ist die gleichmäßige Wärmeverteilung. Auch operieren diese Systeme vergleichsweise effizient. Modernere Anlagen können die Räumlichkeiten im Sommer auch kühlen. Das Lüftungssystem sorgt für ein gesundes Raumklima. Feuchtigkeit und Gerüche werden neutralisiert. Ein in vielen Analgen verbauter Pollenfilter beugt zudem saisonalen Allergien vor. Nachteilig sind die teure Erstinstallation und Wartung. Sowohl die Heizung selbst als auch das Lüftungssystem müssen jährlich mindestens einmal gecheckt werden. Ist die Heizung nicht richtig dimensioniert, bringt sie in strengen Wintern nicht die erforderliche Leistung. Die Lüftungsschächte machen das Haus u.U. sehr hellhörig. Werden Schächte und Luftfilter nicht regelmäßig gereinigt, kann Schimmel entstehen und sich durch das Haus verbreiten. Auch eine Geruchsbelästigung kann eintreten.

Tipp!
Öl und Flüssiggas günstig tanken

Anders als in Deutschland schwanken Öl- und Gaspreise von Anbieter zu Anbieter teils erheblich. Vergleichen lohnt sich also. Meist schließen sie mit einem Versorger einen widerruflichen Liefervertrag ab. Sind Sie bereit sich länger zu binden, wird man Ihnen mit Preisgarantien, Gutscheinen oder sonstigen Rabatten entgegenkommen. Da im Winter die Nachfrage nach Brennstoff und demnach auch der Preis steigt, ist eine solche Preisgarantie je nach Ihrem Verbrauch nicht unvernünftig. Oft werden Ihnen zusätzlich noch Wartungsverträge für ihre Heizung angeboten. Bei älteren Modellen kann ein solcher Servicevertrag ggfs. ratsam sein. Was die Lieferung selbst angeht, müssen Sie sich um nichts weiter kümmern. Die Lieferung erfolgt automatisch, sofern der Tank von außen zugänglich ist. Vergleichen Sie am besten jährlich die Preise. Die Konkurrenz auf diesem Markt ist hart und erlaubt dem Endverbraucher ordentliche Nachlässe auszuhandeln.

Radiatoren: Radioatorenheizungen wie man sie aus Deutschland kennt, gibt es auch in den USA, wobei diese nicht immer wasserführend sind, sondern oft

mittels Dampf beheizt werden – eine archaisch anmutende Kuriosität, aber ein geniales Heizsystem. Vorteile: Die Heizkörper werden derart heiß, dass selbst schlecht isolierte ältere Gebäude wohlig warm werden. Weiterhin speichern die massiven gusseisernen Radiatoren die Wärme, was einen angenehmen Strahlungseffekt hat. Abgesehen vom Boiler, in welchem das Wasser zum Kochen gebracht wird, ist das Heizsystem relativ wartungsarm und zuverlässig.
Die Nachteile sind die schwierige Temperierung der Räume. Die einzige Möglichkeit, einen Radiator herunterzuregeln, ist das Dampfventil auf eine niedrigere Stufe zu stellen, was das Aufheizen des Radiators verzögert, aber nicht verhindert oder im eigentliche Sinne des Wortes reguliert. Weiterhin ist diese Heizung oft „laut". Die dampfführenden Rohre „krachen", wenn sie sich beim Aufheizen ausdehnen, bzw. später wieder zusammenziehen. Auch die Ventile an den Radiatoren zischen gelegentlich.

In den dichter besiedelten Gegenden der USA können sie aus einer Vielzahl verschiedener *Internet- und Telefonieanbieter* und einer noch größeren Anzahl von Produkten und Dienstleistungen auswählen. Wenn es Sie in eine weniger dicht besiedelte Region verschlagen hat, sinkt die Zahl der Anbieter und die mögliche Bandbreiten bis zum dem Punkt, wo es schlicht keinen regulären Service mehr gibt. In diesem Fall müssen Sie sich über einen Satellitenanbieter wie z.B. Hughes versorgen. Die entsprechende Hardware kostet einige hundert Dollar, die zu realisierenden Geschwindigkeiten sind recht langsam. Plans (Angebote) gibt es ab knapp 40\$.
Internet und Telefonie sind generell teurer als in Deutschland. Trotzdem gibt es auch hier die Möglichkeiten, einigermaßen billig davonzukommen. Frontier bietet etwa einen reinen Internetzugang für 20\$ im Monat an. Wer eine Landline (Festnetzanschluss) benötigt, zahlt mehr. Der Zugang über das Kabelnetz ist sehr schnell, aber kostspieliger. Will man zusätzliche Leistungen wie Netflix usf. buchen, kostet es ebenfalls

extra. Viele Haushalte verzichten mittlerweile komplett auf einen Festnetzanschluss und telefonieren via Mobiltelefon. Günstig ins Ausland, z.b. in die alte Heimat, telefonieren kann man über entsprechende Dienste im Internet wie z.B. Skype. Lediglich ein Headset wird benötigt. Von der US-Ostküste nach Deutschland zahlt man je nach Anbieter 1-1,7 US-Cent pro Minute. Was das mobile Telefonieren angeht, kann man hier aus einer Fülle verschiedener Anbieter und Angebote wählen. Entsprechende Plans beginnen ab 3$ pro Monat für Wenigtelefonierer bis zu 100$ für Angebote mit unbegrenzter Datenübertragung in Höchstgeschwindigkeit. Günstige Mobilfunkanbieter sind sprint oder tello. Achten Sie auf die Verfügbarkeit des jeweiligen Netzes.

18. Eselsbrücken für Maße, Gewichte, Temperatur

In den USA wird in Fuß, Pfund, Gallone und Fahrenheit gemessen. Auf den ersten Blick schrecken diese seltsamen Maße den an das ordentliche metrische System gewöhnten Europäer ab. Tatsächlich ist aber die Umrechnung mit Hilfe einiger Eselsbrücken recht einfach. Zudem basieren die amerikanischen Längenmaße auf anatomischen Durchschnitten, die man sich zu nutze machen kann. Wer weiß schon, wie lang ein Meter ist, wenn er nicht einen Maßstab zur Hand hat? Die ungefähre Länge eines Fußes aber erfährt man durch einen Blick auf den eigenen Fuß.

Mit der Umrechnung von Grad Fahrenheit in Grad Celsius verhält es sich etwas komplizierter.

Hier eine Aufzählung einiger Maße nebst Umrechnung und Eselsbrücke:

1 inch (in) = ca. 2,5cm = ca. oberes Daumenglied (16in sind 1 foot)

1 foot (ft) = ca. 30cm = ca. 1/3 Meter = etwa die Länge eines durchschnittlichen Männerfußes (ich habe Schuhgröße 44 EU d.i. 10.5 US)

1 yard (yd)= 3 feet = ca. 1 Meter (genauer 1yd entspricht 1m -10%)

10 square feet (sq) = ca. 1 Quadratmeter (präziser kann man umrechnen, wenn man von den sq nochmal 7% abzieht, also: [sq - 7%] - 10 = qm)

Beispiel: Ein Haus mit 1500sq wären demnach in Quadratmetern

1500sq-105 (7%)= 1395sq

1395sq/10= 139.5qm

Das korrekte Ergebnis ist 139,36 qm

1 pound (lbs) = ca. 1/2kg (genau: 453g) (Ich rechne um: [lbs-10%]/2=kg)

Beispiel: 5lbs in Kilo

5lbs-0.5 (10%)= 4,5lbs
4,5lbs/2= 2,25kg

Das korrekte Ergebnis ist 2,27kg

1 Ounce (oz) = ca. 30g (Ich rechne [oz-10%]*30=g)

Beispiel: 4oz in Gramm

4oz-0,4 (10%)= 3,6oz

3,6oz*30=108g

Das korrekte Ergebnis ist 113.4g

1 Gallone (gal) = ca. 4 Liter (Ich rechne um: [gal-10%]*4=l)

Beispiel: 20gal in Liter

20gal-2 (10%)= 18

18gal*4=72l

Das korrekte Ergebnis ist 75,7l

1quart (¼ Gallone) = ca. 1l

1 cup (diese Einheit wird häufig bei Rezepten benutzt, um Mehl, Zucker usf. abzumessen) = ca. 0,25l (1 Tasse)

Die Umrechnung von Fahrenheit (°F) in Celsius (°C) ist insofern schwierig, als die Einheiten in unterschiedlichen Schritten gemessen werden. Eine ungefähre Umrechnungsformel lautet (°F-30)/2=°C

100°F sind demnach ca. 35°C (Korrektes Ergebnis 38°C)

Ich habe einige Standardtemperaturen auswendig gelernt:

Gefrierpunkt: 30°F = ca. 0°C (richtig: -1,1°C)

Siedepunkt: 200°F = 100°C (richtig: 93°C)

Richtig heiß im Sommer: 100°F = 38°C

Heizung/Klimaanlage: 70°F = 21°C

Brot backen: 400°F = ca. 200°C (richtig: 204°C)

19. Steuern

„Only two things in life are certain: death and taxes. Well, death is debatable..." Diesen Spruch habe ich etliche Male gehört – er ist wahr und zutiefst amerikanisch. Auch in den USA (obwohl es doch das beste Land der Welt ist...) muss man sein Scherflein zur gemeinschaftlichen Kaffeekasse beitragen und Steuern bezahlen. Insgesamt ist das Steuersystem hier etwas einfacher als in Deutschland, doch auch das mag ein subjektiver Eindruck sein. Beschränken wir uns auf das Wesentliche.

Im ersten Jahr ihres neuen Lebens in der neuen Welt werden Sie Property taxes bezahlen müssen, so Sie Wohneigentum besitzen, Sales taxes, wenn Sie etwas einkaufen und Sie werden gezwungen sein, eine Steuererklärung einzureichen, gleich ob Sie einkommensteuerpflichtig sind oder nicht. Gehen wir die drei Hauptsteuerarten durch.

Property taxes werden von der Gemeinde, in der Sie Wohneigentum besitzen, erhoben. Grundlage ist ein prozentualer Anteil des Schätzwertes Ihrer Immobilie, d.i. Land und Gebäude. Über die Property taxes werden Schulen, Feuerwehr, Polizei und andere lokale Einrichtungen finanziert. Gezahlt wird üblicherweise zweimal im Jahr, Januar und Juli. Wenn Sie Ihr Wohneigentum zu hoch taxiert finden, können Sie bei der Gemeinde einen Antrag auf Reassessment (Neubewertung) stellen. U.u. müssen Sie selbst vorsprechen und erklären, warum Sie denn meinen, zu viel zu bezahlen. Ihre finanzielle Lage spielt bei Erhebung und Einforderung der Property tax übringens keine Rolle. Zahlen Sie nicht, kommen Sie in Verzug. Es werden zuerst Strafzinsen fällig. Als Ultima Ratio wird Ihr Eigentum zwangsversteigert.

Sales tax werden bei jedem Einkauf fällig, außer Sie halten sich in einem Staat auf, der keine Sales tax erhebt. Diese Abgabe ist vergleichbar mit unserer Mehrwertsteuer, aber bedeutend niedriger. Je nach

Produktart oder Dienstleistung gibt es Zuschläge oder Vergünstigungen. Kalifornien hat mit 7,25% die höchste Basis-Sales tax in den USA; in Montana etwa gibt es diese Steuerart überhaupt nicht. Im Unterschied zu Deutschland wird die Sales tax erst an der Kasse ausgewiesen, d.h. sie ist nicht im Produktpreis berücksichtigt.

Die *Einkommenssteuer*erklärung ist zum Jahresanfang bei der IRS einzureichen. Die bequemste Art dieser Pflicht nachzukommen, ist eine Hilfssoftware wie Turbo Tax zu benutzen. Ist Ihr Einkommen niedrig genug, ist dieser Dienst sogar kostenlos. Links zu entsprechenden Softwareanbietern finden Sie auf der Homepage der IRS. Diese Programme führen Sie mittels einfacher Frage-Antwort-Routinen durch den ganzen Prozess. Anschließend können Sie Ihre Erklärung direkt online bei der IRS einreichen – oft sogar, ohne entsprechende Nachweise vorlegen zu müssen. Die Wahrscheinlichkeit, dass ein Beamter Ihre Angaben überprüft, ist äußerst gering. Werden Sie allerdings überprüft, sollten Ihre Angaben niet und nagelfest sein, da empfindliche Strafen drohen. Um eine Steuererklärung einzureichen, benötigen Sie eine SSN (Social Security Number). Haben Sie diese nicht, können Sie bei der IRS um Vergabe einer ITIN (Individual Taxpyer Identification Number) bitten. Die Steuerfreibeträge sind in den USA recht üppig, insbesondere, wenn Sie Kinder in Ihrem Haushalt haben.

20. DMV

Die Hölle auf Erden hat für die meisten Amerikaner einen Namen: DMV (Department of Motor Vehicle). Ich persönlich habe nur zwei DMV´s aufgesucht. Das eine war in einer größeren Stadt, das andere eher ländlich gelegen. Bemerkenswert fand ich, dass beide Lokalitäten mit dem Ziel ausgestattet und eingerichtet zu sein schienen, sowohl den Mitarbeitern als auch den Besuchern den Aufenthalt so unerfreulich wie möglich zu machen. Man zieht hier Nummern! Lange Nummern.

Während ich saß und wartete (Hauptbeschäftigung im DMV) spielte auf einem Fernseher eine Schleife aus drei verschiedenen Werbespots – tonlos selbstverständlich, der Bildschirm in einem Winkel angebracht, der dem Zuschauer nach fünf Minuten eine schmerzhafte Nackenstarre beschert... Einer dieser Spots warb für den Eintritt in die Armee. Nach etwa zwei Stunden war ich bereit, mich freiwillig für jeden Selbstmordeinsatz zur Verfügung zu stellen. Wie dem auch sei... Das DMV ist eine unerlässliche Hürde, die der Einwanderer früher oder später überwinden muss. Der Besitz eines US-Führerscheins ist obligatorisch, da er als primäres Identifikationsdokument dient. Alternativ können sie sich auch eine Photo identification ausstellen lassen. Ansonsten genügt Ihre Green Card. Im DMV können Sie sich zudem in das Wählerverzeichnis eintragen lassen, wenn Sie Staatsbürger sind. Dieser Eintrag kann erfreulicherweise auch online getätigt werden. Weiterhin melden Sie im DMV ihr Fahrzeug an und erhalten gegen Entrichtung einer satten Gebühr ein Nummernschild. Was die erforderlichen Dokumente angeht, machen Sie sich bitte vorab auf der jeweiligen Homepage schlau. Die Wartezeiten im DMV sind teilweise absurd lang. Sie wollen daher alle Ihre Angelegenheiten möglichst mit einem Gang erledigt wissen. Gehen Sie am besten am frühen Vormittag. Wenn möglich, lassen Sie sich online einen Termin geben.

21. Autoversicherung

Um Ihr KFZ anzumelden, müssen Sie einen Versicherungsnachweis beibringen. Abgeschlossen wird die Versicherung je auf ein halbes Jahr. Ihnen stehen verschiedene Bezahloptionen zur Verfügung. Großzügige Rabatte erhält, wer sechs Monate im Voraus bezahlt. Nach Abschluss der Versicherung erhalten Sie eine Karte, mit den Spezifika Ihres Wagens, der Police und (wichtig!) der Versicherungsdauer. Diese Karte ist im Wagen als Proof of insurance mitzuführen.

Ihre Versicherung können Sie relativ frei zusammenstellen. Sie entscheiden, wie hoch jeweilige Schadensklassen wie Vermögensschäden oder Verletzungen versichert werden sollen, wie hoch Ihre Eigenbeteiligung liegen soll, ob auch Schäden am eigenen Wagen mit abgedeckt werden usf. Die günstigste Variante ist eine Police auf Basis des sog. State Minimus, d.s die staatlichen Mindestanforderungen. Schäden, die über dieses Minimum hinausgehen, müssen Sie selbst ausgleichen, was u.U. immens teuer werden kann.

Günstige Versicherungsanbieter sind etwa Geico oder Amica. Verbinden Sie die Car insurance mit einer Haushaftpflichtversicherung erhalten Sie Rabatte. Seien Sie aber vorsichtig. Sie haben es hier mit Profis zu tun, die Ihren Lebensunterhalt mit dem Verkauf sinnvoller und sinnfreier Produkte bestreiten. Wenn Sie an der günstigst möglichen Lösung interessiert sind, machen Sie das dem Agenten bitte mehrfach und unmissverständlich klar. Vergleichen Sie Angebote (z.B. online), bevor Sie etwas unterschreiben.

Wollen Sie eine Versicherung zum Vertragsende kündigen, genügt es meist, die nächste Prämie nicht mehr zu bezahlen. Der Vertrag endet dann automatisch. Eine gute Idee ist es, Ihren Versicherer vom Entschluss, ihn zu verlassen, vor Ende der Laufzeit zu informieren. Mit an Sicherheit grenzender Wahrscheinlichkeit, wird man Ihnen eine Vertragsverlängerung zu viel besseren Konditionen anbieten.

22. Der fahrbare Untersatz

Wenn Sie nicht gerade in einer der großen Städte leben, werden Sie ohne einen fahrbaren Untersatz in den USA kaum zurechtkommen. Mobilität ist hier essentiell und existentiell. Egal ob zur Arbeit, zur Schule, zur Uni, zum Supermarkt oder ins Kino – ohne einen Wagen oder eine verlässliche Mitfahrgelegenheit haben Sie schlechte Karten.

Erfreulich ist, dass die KFZ-Preise aufgrund der schieren Größe des Marktes sowohl bei Neuwagen als auch bei Gebrauchten unter dem deutschen Niveau liegen. Da die meisten Staaten auch auf regelmäßige technische Überprüfungen verzichten, sind zudem noch mehr ältere Modelle im Umlauf. Der Benzinverbrauch (hier rechnet man übrigens nicht Liter pro 100 km, sondern Mileage pro 1 Gallone) ist zwar auch hier ein Thema, aber aufgrund der weit niedrigeren Benzinpreise kein großes. Eine Gallone Normalbenzin kostete Anfang 2017 in den Neuenglandstaaten zwischen 2.20-2.50$, d.s. im Mittel etwa 0,60€ pro Liter.

Kleinwägen, wie in Europa üblich, sind hier eher spärlich vertreten. Wägen der Golfklasse sind gemeinhin das Kompakteste, was zu haben ist. Dass dem so ist, hat übrigens nichts mit dem Größenwahn der Amerikaner zu tun. Vielmehr liegen einige sehr pragmatische Gründe vor. Zum einen sind die Entfernungen weiter. Man verbringt generell mehr Zeit im Wagen, was einen gesteigerten Komfort schlicht unerlässlich macht. Selbst für Hartgesottene macht es einen großen Unterschied fünf und mehr Stunden in einem Polo oder einem Van unterwegs zu sein. Dazu kommt, dass die Straßen hier schlechter als in Deutschland sind...teilweise sehr schlecht. Auch dies hat übrigens nichts mit der Faulheit oder Unfähigkeit der Amerikaner zu tun, ihr Straßennetz in Ordnung zu halten, es ist schlicht dessen monströser Ausdehnung von über 6.5 Millionen Kilometern (Deutschland hat ca. 650.000km) geschuldet. Eine ordentliche Federung und bequeme Sitze sind Gold wert – vor allem, wenn man sich abseits der großen Routes im Hinterland herumtreibt. Weiterhin benötigt man

ausreichend Laderaum für die Einkäufe. Wie bereits gesagt, kauft der Amerikaner eher wöchentlich oder zweiwöchentlich für eine 3-5 köpfige Familie ein. Die Ladekapazität eines Klein- oder Kleinstwagens wäre da schnell erschöpft.
Erwägen Sie daher ruhig, eine Nummer größer einzukaufen, als in Deutschland. Vergessen Sie nicht, Sie sind jetzt in den USA. Passen Sie sich den Gepflogenheiten des Landes an und leben Sie großzügig: live large!

Achtung!
Wartung muss sein

Obgleich es hier (meist) keinen Zwang gibt, sein Fahrzeug untersuchen zu lassen, sind Sie dennoch persönlich für dessen Verkehrssicherheit verantwortlich. Kann man Ihnen bei einem Unfall Fahrlässigkeit, was die Wartung angeht, nachweisen, wird sich die Versicherung u.U. weigern, den entstandenen Schaden zu kompensieren.

Günstig kommen Sie an ein KFZ, wenn sie gebraucht kaufen. Private Anzeigen finden sich in der lokalen Zeitung oder auf entsprechenden Seiten im Internet. Häufig werden verkäufliche Wägen auch einfach an den Straßenrand gestellt und mit entsprechenden, teils recht auffälligen Markierungen verziert. Eine größere Auswahl und Hilfe beim An- und Ummelden bieten kommerzielle Gebrauchtwagenhändler an. Die Spannweite reicht hier von hoch kriminell bis hoch seriös. Fragen Sie in der Nachbarschaft herum, wem man vertrauen kann und wen man besser meiden sollte. Händler sind generell teurer als Privatpersonen. Dafür packen sie oft viele, teilweise kuriose Extras mit auf das Angebot bzw. versuchen diese mitzuverkaufen. Als Deutscher ist man ein wenig gehemmt, hart zu verhandeln. Diese falsche Zurückhaltung sollten Sie recht schnell hinter sich lassen – sie wird Sie in den USA viel Geld kosten. Werden Sie sich klar, was Sie genau wollen und welchen Preis Sie dafür auszugeben bereit sind. Kommunizieren Sie diese

Rahmendaten klar und unmissverständlich. Fragen sie nach Preisnachlässen und schießen Sie dabei ruhig ein wenig über das Ziel hinaus. Wenn Sie das auf ehrliche und respektvolle Weise tun, nimmt es Ihnen niemand übel – Sie sparen aber leicht etliche Hundert Dollar und mehr ein. Und wieder: Sie sind jetzt in den USA! Als Kunde sind Sie König und Ihr Dollar ist der wichtigste und wertvollste von allen!

Bevor Sie kaufen, sollte Sie auf jeden Fall verschiedene Angebote vergleichen. Legen Sie diese ruhig einem Händler vor und erkundigen Sie sich, ob er unterbieten möchte.

Ein letzter Punkt: Ich bin kein Autoexperte, aber selbst mir ist aufgefallen, dass in den USA andere Marken als in Deutschland dominant sind. So finden sich kaum französische oder italienische, dafür etliche japanische, koreanische und selbstverständlich amerikanische Fabrikate. Auch was die Modellpalette angeht, gibt es Unterschiede, ebenso bei Ausstattung und Design.

Als verlässlich und sparsam gelten Honda und Toyota. Chevrolet hat dagegen einen eher schlechten Ruf. Ich fahre einen gut gewarteten Honda Odyssey, einen riesenhaften Family Van, der 10 Jahre und 140.000 Meilen auf dem Buckel hat. Bezahlt habe ich 1.900$. Ich bin zufrieden, wenn auch der Besuch an der Tankstelle mein Umweltgewissen ein wenig belastet.

Achtung!
Unterschiede in der Straßenverkehrsordnung

Die US-Straßenbeschilderung unterscheidet sich von der Deutschen. Zwar wird man gemeinhin die Zeichen (und häufig auch Texte: No U Turn – Wenden verboten; Left lane must turn left – die like Spur muss links abbiegen usf.) zu deuten wissen, sollte sich aber dennoch mit den Grundregeln vertraut machen. Drei Besonderheiten möchte ich herausstellen.

1. Vorfahrtsregelungen: So etwas wie Rechts-vor-Links-Regeln gibt es hier nicht. Kreuzungen sind immer mittels Stoppschild, Yield-Sign (Vorfahrt gewähren) oder Ampel reguliert. Die Stoppschildregel ist wichtig, da sie sich massiv von der deutschen Gebräuchlichkeit unterscheidet, was u. U. zu gefährlichen Situationen führen kann. Ein Stoppschild nämlich bedeutet nicht, dass der kreuzende Verkehr Vorfahrt hat. Auch er wird gestoppt. Wer als erster an einem Stoppschild hält, darf auch als erster weiterfahren. Bei belebten Kreuzungen müssen Sie daher sehr vorsichtig sein. Im Zweifel helfen Sie sich mittels Handzeichen weiter.

2. Schulbusse: Wenn die gelben Ungetüme, die Schüler von und zur Schule bringen halten, um die Passagiere abzusetzen, dürfen sie unter keinen Umständen überholt werden. Sie müssen warten, bis der Bus seine Fahrt fortsetzt. Auch die Gegenseite muss vor dem Bus warten, darf ihn unter keinen Umständen passieren.

3. Mehrspurige Highways: Prinzipiell wird zwar empfohlen, dass der langsamere Verkehr rechts fährt, aber eine strikte Regelung gibt es hierzu nicht. Sie dürfen auf allen Spuren überholen und überholt werden. Vorsicht also.

Die wegweisende Beschilderung ist ebenfalls anders organisiert. Während in Deutschland große Städte Ziel und Richtung angeben (z. B. A3 Richtung Nürnberg), werden die Highways hier mittels Himmelsrichtungen organisiert (z.B. Interstate 86 West). Für den Neuankömmling empfiehlt sich die Beschaffung eines Navigationssystems.

Achtung!
Richtiges Verhalten bei einer Verkehrskontrolle

In den USA ist der Besitz von Waffen legal. Entsprechend vorsichtig ist man bei der Polizei. Es gibt daher zu beachtenden Verhaltensregeln, wenn man bspw. zwecks Verkehrskontrolle angehalten wird.

1. Folgen Sie unbedingt den Anweisungen des Officers.
2. Wenn Sie angehalten haben, öffnen Sie das Seitenfenster und legen Sie die Hände auf das Lenkrad.

Lassen Sie sie bis auf Weiteres dort.

3. Beantworten Sie die Fragen des Officiers ruhig und respektvoll – so zeigen Sie an, dass Sie keine Gefahr darstellen.

3. Wenn Sie aufgefordert werden, Ihren Führerschein und Versicherungsnachweis vorzuzeigen, sagen Sie dem Officer kurz, wo sich diese Papiere befinden, bevor Sie danach greifen. („The driver´s license is in my wallet in my backpocket. I´m getting it for you. The proof of insurance is in the glove box.")

4. Führen Sie keine hastigen Bewegungen durch.

23. Günstige Erstausstattung

Selbst wenn Sie alle Ihre Möbel und nutzbaren elektrischen Geräte aus Deutschland mitgenommen haben, werden Sie dennoch das eine oder andere Stück anschaffen müssen. Wer viel Geld sparen will, kauft gebraucht – das gilt in der neuen wie in der alten Welt. Schauen wir uns einige Möglichkeiten an:
Eine hervorragende, wenn auch unverlässliche Quelle sind *Goodwill* Stores. Diese Sozialkaufhäuser verkaufen gespendete Kleidung, Elektronik, Lampen, Geschirr, Spielzeug, Möbel, sowie Bücher, Cd´s, DVD´s usf. zu hervorragenden Preisen. Mit ihrem Einkauf unterstützen sie zudem die Reintegration schwervermittelbarer Menschen in den Arbeitsmarkt. Man wird Sie an der Kasse stets freundlich fragen, ob Sie Ihren Einkauf auf den Dollar aufrunden wollen. Der Nachteil dieser Kaufhäuser ist freilich, dass sie auf Spendenbasis funktionieren, d.h. man braucht etwas Glück oder Geduld, bis man das Stück findet, das man sucht. Auf ein passend dimensioniertes Bücherregal wartete ich über zwei Monate, wobei ich regelmäßig drei Stores in meiner Gegend aufsuchte. Und dann, als ich schon alle Hoffnung aufgegeben hatte, wurden am gleichen Tag 4(!) passende Möbel um 10-30$ gespendet. Ein weiterer Nachteil ist, dass vor allem in der Bekleidungs- und Bücherabteilung Chaos herrscht. Man sollte also etwas Zeit mitbringen, um das teils sehr umfangreiche Sortiment ausgiebig durchforschen zu können. Das Sortiment ist sowohl in Quantität als auch in Qualität stark von der spendenden Nachbarschaft abhängig. In der Nähe wohlhabender Viertel finden sich oft sehr hochwertige Artikel in den Regalen, während umgekehrt in ärmeren Gegenden oft Mangel an Masse und Wertigkeit zu beklagen ist.
Teurer als Goodwill oder andere Sozialkaufhäuser – aber immer noch weit billiger als vergleichbare Neuware – bieten die vielen *Second-Hand-Läden*, die es hier praktisch an jeder Ecke gibt ihre Ware feil. Second Hand ist erfreulicherweise ein anhaltender Trend in den USA, der sich seit der großen Rezession (Great Recession –

d.i. die der Immobilien- und Finanzkrise 2007/08 folgende Rezession der Realwirtschaft) stetig weiter entwickelt hat. Mittlerweile gibt es sogar regelrechte Second-Hand Ketten und Luxusshops, die nur sehr ausgewählte Artikel in ihr Sortiment aufnehmen. Auch hier muss man stöbern und forschen. Manche Läden – leider meist die etwas teureren – verfügen über ein regelmäßig aktualisiertes Inventarverzeichnis, das online abgerufen werden kann. Ansonsten empfiehlt sich ein Anruf, wenn man etwas Bestimmtes sucht. Übrigens kann man sich auch von den Ladenbetreibern anrufen lassen, wenn ein gesuchter Artikel neu ins Sortiment gekommen ist. Diese Dienstleistung funktioniert hier erstaunlich gut.

Appliances – Küchen- und Haushaltsgerätschaften – sind ebenfalls gut gebraucht zu erwerben. Auch hier gibt es entsprechende Märkte und Anbieter. Die besseren (und teureren) Geschäfte werden die teils sehr hochpreisigen (und riesenhaften) Kühlschränke, Spülmaschinen, Herde usf. gereinigt, desinfiziert und technisch inspiziert mit einer Garantie anbieten. Refurbished nennt man diese Artikel dann. Doch auch in Ramschläden kann man Glück haben. Verhandeln Sie auf jeden Fall den Preis. Bei Anschaffungen über 500$ sollten Lieferung und Aufbau selbstverständlich inklusive sein.

Interessant sind Geschäfte und Ketten wie bspw. TJ MAXX. Hier wird qualitativ hochwertige *Neuware aus Überproduktion,* Rückläufern oder B-Ware zu erstaunlich guten Preisen angeboten. Auch hier sind Sortiment und Mengen der verfügbaren Artikel teils starken Schwankungen ausgesetzt. Nach Weihnachten können Sie aber mit Sicherheit aus dem Vollen schöpfen.

Das Äquivalent von Ebay-Kleinanzeigen, Quoka oder Markt.de ist in den USA die Internetseite *Craigslist*. Hier können Privatleute kostenlos Anzeigen schalten. Die Suche ist automatisch auf den Standort ihres Computers beschränkt. Finden Sie die gewünschten Dinge nicht, können sie den Suchkreis behutsam erweitern. Craigslist ist definitiv eine gute Quelle für Alltagsdinge wie Küchengerätschaften, Elektronik, Appliances, Möbel usf., wenn Sie nicht zu anspruchsvoll sind. Ein weiterer Grund ein geräumiges Gefährt zu haben, stellt der Transport dieser Gegenstände dar. Ein Familienvan packt auch einen überdimensionierten amerikanischen Kühlschrank.

Achtung!
Vorsicht bei Geschäften über Craigslist.org

Unter den vielen, vielen weißen finden sich auch immer ein paar schwarze Schafe. Das gilt vor allem für Craigslist. Halten Sie grundsätzlich einige Sicherheitsregeln ein, um sich vor Betrug oder schlimmerem zu schützen:

• Telefonieren Sie vorab mit dem Verkäufer, um sich zumindest einen „stimmlichen" Eindruck zu verschaffen.
• Meiden Sie, wenn möglich, schlechte Gegenden – vor allem bei Dunkelheit.
• Holen Sie nie etwas alleine ab. Informieren Sie grundsätzlich eine andere Person über ihren Aufenthaltsort.
• Wenn sie nicht sicher sind, vereinbaren Sie einen Treffpunkt an öffentlichen Orten mit Kameraüberwachung wie ein Einkaufszentrum.
• Seien Sie skeptisch bei Neuware zum absoluten Schnäppchenpreis – Sie haben es möglicherweise mit Hehlerware zu tun.
• Prüfen Sie unbedingt Funktionalität und Zustand gebrauchter Ware. Lehnt der Verkäufer dies aus welchen Gründen auch immer ab, nehmen Sie Abstand vom Kauf.

Lassen Sie sich von diesen Sicherheitserwägungen keine Angst machen. Die allermeisten Angebote auf Craigslist sind seriös, die allermeisten Menschen sind nette, freundliche Zeitgenossen. Trotzdem gilt in der Neuen wie in der Alten Welt: Better safe than sorry.

Eine weitere Quelle, die sie anzapfen können, stellt die lokale *Zeitung* dar. Allerdings sind Printmedien auch in den USA von einem starken Rückgang der Auflagenzahlen betroffen. Der durchschnittliche Zeitungsabonnent ist 55+ Jahre. Trotzdem oder gerade deswegen kann man hier tolle Schnäppchen machen. Ein Blick in die meist kostenlose Onlineversion des Anzeigenteils lohnt sich auf jeden Fall.

24. Geldverdienen als Aussteiger?

Dieser Punkt ist mir ein besonderes Anliegen. Meine Familie und ich pflegen einen Lebensstil, der uns die größtmögliche persönliche Freiheit einräumt. Freiheit bedeutet für uns Verfügungsgewalt über die eigene Zeit sowie die Möglichkeit, diese Zeit so zu gestalten, wie wir das wollen und für richtig halten. In diesem Sinne verweise ich auf meinen Erstling: Aussteigen Light, wo ich unser Leben und vor allem die Sparmaßnahmen, deren Einhaltung unsere finanzielle Unabhängigkeit garantiert, vorgestellt habe.

Ich arbeite... Falsch. Nach der eigentlichen Wortbedeutung „arbeite" ich praktisch überhaupt nicht. Der Begriff „Arbeit" stammt vom mittelhochdeutschen „Arebeit", wo es Leiden, Mühsal bedeutet. Ich leide nicht gerne, darum scheue ich die „Arebeit" wie der Teufel das Weihwasser. Die „Arebeitsagentur" oder das „Arebeitsamt" scheinen mir die reinsten Höllenerfindungen! Am Tag der „Arebeit" verlasse ich nicht einmal das Bett. Genug gescherzt. Ich bin nicht faul, wirklich nicht. Ich unterrichte meine Kinder, kümmere mich um die Instandhaltung des Hauses, koche, lese, schreibe, halte meinen Körper fit und ja, ich gehe auch einem Job nach, d.h. ich verdiene Geld. Das alles bereitet mir (meistens) jedoch keine *Mühsal*. Ich *leide* nicht an meinem Leben, das Gegenteil ist der Fall, ich genieße es sehr.

Um diesen epikureischen Zustand schmerzfreier Glückseligkeit aufrechtzuerhalten, ist „leider" ein wenig Geld notwendig. Die Betonung liegt hier auf „notwendig". Würde man das Maß seiner Wünsche an den Gelderwerb anlegen, könnte man praktisch nie genug verdienen – Wünsche sind unendlich. Legt man dagegen das Maß des wirklich *Notwendigen* an, genügt schon sehr wenig, um gut zu leben.

Ich verdiene nur soviel, wie für meine Art des Lebens nötig ist – das schließt freilich das Wohlleben meiner Frau und Kinder (kann man zwischen dem eigenen und dem Leben seiner Liebsten und Nächsten überhaupt unterscheiden?) mit ein. Mir persönlich wäre vielleicht

Diogenes Tonne genug... Na, seien wir ehrlich miteinander, Thoreau´s Hütte sollte es schon sein.
Eine zentrale Bedingung für unseren Sprung über den Teich war, dass sich unser freies und selbstbestimmtes Leben nicht verschlechtern sollte. Man darf sich nie bewegen, wenn die „Bewegung" eine permanente Verschlechterung der Lebensbedingungen mit sich bringt. Viele Karrieristen vergessen das, wenn ihnen eine Beförderung angeboten wird. Glücklich sagen sie zu, nur um bald festzustellen, dass das Mehr an Gehalt und Prestige mit einem Noch mehr an „Arebeit" und Verantwortung gekauft wurde. Da geht es mir doch besser, will ich meinen. Meine „Karriere" in diversen Supermärkten und Lagerhallen ist schon am Zenit des Möglichen und Erwünschten angekommen. Die einzige Beförderung, die ich akzeptieren musste (!), war die zum Schichtführer – ein Aufstieg, der allein meiner mittelmäßigen Kenntnis der deutschen Sprache in Wort und Schrift zu verdanken war.

In Deutschland arbeitete ich für ein Logistikunternehmen etwa 2-3 Stunden täglich, d.h. morgendlich, frühmorgendlich. Wenn in Deutschland das Knoppers ausgepackt wurde, war ich schon wieder zuhause – so gut hatte ich es. Zusammen mit dem Kindergeld für zwei Kinder verfügten wir über knappe 800€. In Good Old Germany genügte dieses Budget – in Aussteigen Light habe ich beschrieben wie.

In den USA sind die Dinge anders gelagert. Zunächst mal gibt es kein Kindergeld. Das Kindergeld ist technisch betrachtet eine Steuererleichterung, die in Form einer Pauschale erstattet wird. Ist der Verdienst entsprechend hoch, zahlt man – wieder technisch betrachtet – bei der Steuererklärung das KG zurück und nimmt stattdessen die entsprechenden Freibeträge in Anspruch. In den USA genießt man für Dependend children (von den Eltern abhängige Kinder, die im Haushalt leben und dort versorgt werden) von vornherein den höheren Steuerfreibetrag. Ein Kindergeld wie in Deutschland gibt es nicht. Der höhere Freibetrag führt indessen dazu, dass viele Familien hier überhaupt keine oder nur sehr geringe Einkommensteuern zahlen.

Geht man einer abhängigen Erwerbstätigkeit nach, so erhält man wöchentlich oder monatlich eine Abrechnung über den Verdienst. Diese entspricht unserer Gehaltsabrechnung. Darauf aufgeführt sind Zwangsabgaben wie einbehaltene Steuern (einzelstaatliche und föderale), Sozialabgaben und ggfs. der Arbeitnehmerbeitag zur Krankenversicherung. Die Sozialabgabe finanziert Dinge die Medicare, eine in Deutschland wenig bekannte Wohltat, die der Staat seinen Bürgern auf deren Kosten zukommen lässt: Ab 65 sind Sie in den USA kostenfrei (!) krankenversichert.

Die einbehaltenen Steuern kann man über die Einkommensteuererklärung teilweise oder ganz zurückbekommen – das System ist unserem sehr ähnlich.

Für mich war der Tax withhold, also der Anteil einbehaltener Steuern, von entscheidender Bedeutung. Was hilft es mir, wenn ich im Folgejahr bei der Steuererklärung mein Geld zurückerhalte, bis dahin aber Monat für Monat ein dickes Defizit in der Lohntüte ausgleichen muss? Erfreulicherweise füllt man bei Arbeitsantritt ein Formular W-4 aus, das steuerlich relevante Informationen enthält. Dieses Formular bildet die Grundlage der Pauschalbesteuerung. Ist der Verdienst entsprechend niedrig, zahlt man von vorneherein keine oder nur sehr geringe Abgaben. Aber Vorsicht: Wenn Sie under estimated sind, d.h. weniger voraus zahlen, als Sie eigentlich hätten zahlen müssen, wird eine empfindliche Strafe fällig. Bleiben Sie auf jeden Fall unter dem im W-4-Formular gesteckten Limit.

Über dieses Verdienstlimit sollten Sie sich vorab klar werden und das auch ihrem Arbeitgeber kommunizieren, damit er gar nicht erst auf die Idee kommt, Ihnen bezahlte Überstunden oder irgendwelche Boni anzubieten...

Obligatorisch und unvermeidbar sind die Abgaben für die Sozialversicherung. Diese betragen im Augenblick auf der Arbeitnehmerseite 7,65%.

Was die Jobs angeht – selbst wenn man keine Steuern (voraus-) bezahlt, wird man in den schlecht zahlenden Gefilden des Arbeitsmarktes Schwierigkeiten haben, als Alleinverdiener vier Mäuler zu stopfen. Man darf sich hier als auswandernder Aussteiger oder aussteigender Auswanderer keinen Illusionen hingeben: Die US bieten zwar einen höheren Lebensstandard, der Unterhalt dieses Standards ist aber gleichfalls höher als in Deutschland. Gelang es mir in der Alten Welt mit knapp unter 800€ gut zurechtzukommen, sind hier realistischerweise 1600$ nötig. Die Umrechnung Euro in Dollar sollte man mit 1:1 vornehmen, der Wechselkurs spielt ohnehin nur für Im- und Export eine Rolle. 1$ entspricht an Kaufkraft also 1€ (Stand Januar 2017).

In Deutschland machte das Kindergeld mit 384€ fast Hälfte des Familienbudgets aus. In Anbetracht der absurd niedrigen Lebensmittelpreise konnten wir vom Kindergeld unsere Lebensmittel kaufen, mein 400€ Job bestritt den Rest der Ausgaben. Als Auswanderer fällt das Kindergeld weg, wenn man sich ordnungsgemäß beim Amt abgemeldet hat, was man unbedingt tun sollte. Manch Gastarbeiter oder Immigrant, den es nach einer Weile doch wieder in die alte Heimat zurückverschlagen hat, vergisst diese amtliche Formalie und erhält dann zu Unrecht weiter Kindergeld – jahrelang kann das so gehen! Man sollte in seinen Entscheidungen konsequent sein.

Die Lebensmittelkosten machen etwa 800$ im Monat aus. Die restlichen Ausgaben können mit 800$ bestritten werden. Ich schätze, dass beide Positionen im Laufe der Zeit noch durchaus senkbar sind, aber im Augenblick veranschlage ich unseren Unterhalt lieber ein wenig zu hoch an als zu niedrig.

Genannte Jobs im unteren Einkommenssegment gibt es reichlich und man bekommt sie ohne Schwierigkeiten. Leider zahlen diese Stellen genauso schlecht (oder gut) wie in Deutschland. In den Neuenglandstaaten wird man irgendwo um die 10$ landen, wenn man neu bei z.B. Walmart, Target oder Dunkin Donuts anfängt. Hält man es ein paar Monate aus und macht einen guten Job, wird man fast unweigerlich befördert. Eine positive Grundeinstellung zum Job und etwas von besagter preußischer Arbeitsdisziplin machen einen in den Augen der Vorgesetzten zu einem wertvollen Asset. Man empfiehlt sich für höhere Aufgaben, die einen höheren

Stundenlohn bei höherer Verantwortung und (meistens) Beschwernis mit sich bringen. „Arebeit" eben. Aber bleiben wir bei angenommenen 10$/h. Für 1600$ müsste man 160Stunden/Monat d.h. 40 Stunden/Woche malochen. Das ist eine klassische Vollzeitbeschäftigung, die für mich unakzeptabel ist, da es eine Verschlechterung meiner Lebensqualität mit sich bringen würde.

Übersicht Mindestlöhne nach Bundesstaat in Dollar (Stand: Januar 2017, o. Ausnahmeregeln):

Alabama	–	Nebraska	9.00
Alaska	9.80	Nevada	8.25
Arizona	10.00	New Hampshire	7.25
Arkansas	8.50	New Jersey	8.44
California	10.50	New Mexico	7.50
Colorado	9.30	New York	9.70
Connecticut	10.10	North Carolina	7.25
Delaware	8.25	North Dakota	7.25
D.C.	11.50	Ohio	7.25
Florida	8.10	Oklahoma	7.25
Georgia	5.15	Oregon	9.75
Hawaii	9.25	Pennsylvania	7.25
Idaho	7.25	Rhode Island	9.60
Illinois	8.25	South Carolina	–
Indiana	7.25	South Dakota	8.65
Iowa	7.25	Tennessee	–
Kansas	7.25	Texas	7.25
Kentucky	7.25	Utah	7.25
Louisiana	–	Vermont	10.00
Maine	9.25	Virginia	7.25
Maryland	8.75	Washington	11.00
Massachus.	11.00	West Virginia	8.75
Michigan	8.90	Wisconsin	7.25
Minnesota	9.50	Wyoming	5.15
Mississippi	–	Missouri	7.70
Montana	8.15		

Tip!
Richtig Trinkgeld geben!

Mindestlöhne von Angestellten im Restaurantsektor sind in manchen Staaten niedriger, da das Trickgeld als zusätzliches, sicheres (!) Einkommen betrachtet wird. Trinkgelder machen in den USA das faktische Einkommen vieler Menschen aus. Sie werden als selbstverständlich betrachtet. Geben Sie daher immer Trinkgeld. 10-20% der Rechnung sind üblich.

Es gibt nun zwei Möglichkeiten, den Kopf aus der Schlinge zu ziehen, wobei die Inanspruchnahme von Sozialleistungen für uns auf keinen Fall in Frage kommt. Unseren Optionen sind: 1. Einen Job mit höherem Verdienst annehmen und 2. anderweitig Einnahmen generieren.

Im Land der unbegrenzten Möglichkeiten sind beide Möglichkeiten möglich und gar nicht mal unüblich.

Spielen wir die Option *Nebeneinkünfte* einmal durch:. Die meisten Amerikaner, die nicht gerade auf der untersten Einkommensstufe stehen, haben diverse Nebeneinkünfte. Ich spreche nicht von den berühmt-berüchtigten zweiten, dritten oder vierten Jobs, die manch einer machen muss, um überhaupt über die Runden zu kommen. Nein, es geht um profitable Vermögensanlagen, um Kapitalismus at its finest. Das Spektrum reicht hier von nebengewerblicher Selbständigkeit, über Mietsachen und Aktien, bis hin zu hoch spekulativen Grundstücks- und/oder Finanztransaktionen. Man muss den Kapitalismus als Wirtschaftssystem nicht lieben. Aber wer ihn ablehnt, verbaut sich die Chance, ein zusätzliches passives Einkommen zu generieren. Erinnern Sie sich an das, was wir weiter oben vom Mieten gesagt haben? Mieten ist teuer. Das bedeutet aber auch, dass Landlords (Vermieter) mit ihren Mietsachen recht gutes Geld verdienen können. Die Diskrepanz zwischen Zins- und Mietzinsniveau ist so hoch, dass es sich sogar lohnen kann, eine Mietsache zu 100% zu finanzieren, die Mortgage mit dem Mietzins abzugleichen und darüber hinaus noch einen positiven Cash flow zu generieren. Dass solche Geschäfte freilich recht riskant sind, muss ich nicht ausdrücklich erwähnen. Dass ich nicht zu solchen Geschäften rate, vor allem, wenn man sich nicht genau auskennt, bitte ich hiermit ausdrücklich zu Protokoll zu nehmen. Doch nichtsdestotrotz gehen solchen oder ähnlichen Geschäften etliche Amerikaner neben – oder hauptberuflich und nicht ohne teilweise beachtlichen Erfolg nach.

Neben der Vermietung ist auch das sog. Home flipping ein beliebtes Hobby. Man kauft, z.B. über Ebay (!) oder direkt von einer Bank, eine Immobilie zu einem Spottpreis und versucht sie dann mit Profit weiterzuverkaufen – dies oft, ohne die Immobilien je persönlich in Augenschein genommen zu haben. Vielleicht erinnern Sie sich noch an die 1$ Häuser in Detroit? Manche werden mittlerweile um 50$ oder mehr gehandelt. Das entspräche einem Profit von 5000%. Aber naja...

Eine andere Art des Home flipping involviert die Erzeugung eines echten Wertes, der den Profit gewissermaßen rechtfertigt. Wenn Sie handwerklich halbwegs geschickt sind, können Sie renovierungsbedürftige Immobilien kaufen, anständig sanieren oder unanständig patschen, und mit dickem Profit weiterverkaufen. Manchmal genügt schon eine ordentliche Entrümpelung und Reinigung, um einige Tausend Dollar an Wert zu generieren...

Amerikaner lieben *Aktienhandel*. Dieser bildet das Fundament praktisch jedes Privatvermögens und jeder Altersvorsorge. Letztere liegt hier anders als in Deutschland in der Verantwortung des Individuums. Um die benötigte Summe für den Ruhestand zusammenzubekommen, ist eine entsprechende Rendite nötig, die oft nur an der Börse erzielt werden kann. Weiterhin zahlen etliche Unternehmen Boni in Form von Aktienoptionen an ihre Mitarbeiter aus. Auch Pensionsfonds legen ihr Kapital an der Börse an.

Grundsätzlich haben sie freie Hand, was den Aktienhandel angeht, so dieser für sie in Frage kommt.

Wie in Deutschland steht ihnen ihr Bankberater gerne zur Seite, wenn seine Ratschläge auch tendenziell die gebührenpflichtigen Produkte des eigenen Hauses präferieren mögen. Ich bin weder ein Finanzgenie noch ein Geldmann, deshalb beschränke ich mich im Folgenden auf einige grundsätzliche Rahmeninformationen, was die Geldanlage im Börsenkasino betrifft:

Zur Besteuerung von Kapitalerträgen:

1. Gewinne aus kurzfristigen Verkäufen – die Papiere wurden weniger als 12 Monate gehalten – sind einkommensteuerpflichtig. Üblicherweise wird Ihnen Ihre Bank am Jahresanfang ein entsprechendes Dokument für den IRS zur Verfügung stellen, in welchem alle steuerlich relevanten Transaktionen gelistet sind. Liegen Sie unter der steuerlichen Einkommensgrenze, zahlen Sie entsprechend auch auf kurzfristige Gewinne keine Steuern.
2. Dividenden und Zinsen sind ebenfalls steuerpflichtig.
3. Gewinne aus längerfristigen Verkäufen – die Papiere werden länger als 12 Monate gehalten – werden mit einem günstigeren Satz versteuert. Wieder gilt: Liegen Ihre Einkünfte unter dem steuerlichen Minimum, zahlen Sie nichts.
4. IRA (Individual retirement account) oder 401k (für den Arbeitgeberbeitrag zur Altersvorsorge) u.a. Depotarten sind von der Steuer befreit, solange das Kapital in diesen Depots verbleibt.

Ich lehne mich hier weit aus dem Fenster, wenn ich Tipps gebe. Bitte keine Steine nach mir werfen. Ich heiße nicht Gordon Gecko, sondern Andreas Nepomuk Graf. Aber sprechen wir über die Börse:

Man unterscheidet grundsätzlich und allgemein zwischen *Growth* und *Fixed income* Anlagen. Growth zielt eher auf die Wertvermehrung durch Kurssteigerungen, während Fixed income Anlagen ein stetes und vergleichsweise sicheres Einkommen erzeugen sollen. Letzteres ergänzt das Einkommen vieler Amerikaner, vor allem Rentner. Renditen zwischen 8-12% sind realistisch, wenn auch nicht ohne ein gewisses Risiko zu erwirtschaften. Diese Rendite wirft auch bei kleineren Anlagesummen einen recht anständigen Gewinn ab. Sogenannte Reit´s (Real estate investment trusts) gehören zur Gruppe dieser „relativ" sicheren und verlässlichen Zahler. Interessant und für mich neu war und ist, dass Unternehmen, die ihren Investoren vor allem ein stetes Einkommen bescheren, teilweise monatlich (sonst quartalsweise) die Dividende ausschütten, was den Geldfluss einigermaßen berechenbar macht.

Eine andere Anlagemöglichkeit sind *Investmentfonds*. Hier wettet man auf mehrere Pferdchen gleichzeitig. Diese Fonds werden von superintelligenten Profis gemanagt, die für ihre Dienste einen Obolus in Form einer Gebühr verlangen. Fonds bestehen aus handgewählten und zu einem perfekten Finanzprodukt gebündelten Aktien (oder auch andere Anlagen wie Rohstoffe, Edelmetalle usf.). Ein Strauß roter Rosen gewissermaßen. Genannte, von ihnen großzügig entlohnte Profis, wählen freilich nur solche Anlagen aus, die zweifellos und immer steigen, außer wenn sie fallen. Geschmacks- und Nervensache.

ETF´s *Exchange-traded funds* sind indexabhängige Aktien/ Anlagebündel. Der Computer erledigt hier die Arbeit des Börsenprofis. Ein weiteres Beispiel für Arbeitsplätze, die durch Automatisierung verloren gehen. ETF´s sind günstiger als klassische Investmentfonds.

Sichere Wertpapiere wie Staatsanleihen sind seit der Finanzkrise und der ihr folgenden massiven Reduzierung des Zinsniveaus keine wirkliche Alternative für den renditeorientierten Anleger. Spekulative Anleihen dagegen sind, wie der Name schon vermuten lässt, sehr spekulativ. Eine interessante Zwischenvariante stellen *Unternehmensanleihen* dar. Sie funktionieren wie Staatsanleihen werden aber von Unternehmen herausgegeben. Diese Papiere werden meist höher verzinst, wobei Zustand und Gepräge des herausgebenden Unternehmens entscheidend ist. Gesunde Riesen wie bspw. Siemens zahlen weniger, wankende Riesen zahlen mehr, weil die Wahrscheinlichkeit eines Kreditausfall entsprechend höher ist.

Nebenerwerbsmöglichkeiten gibt es viele, darunter auch wie in Deutschland viele unseriöse und unberechenbare Varianten. Eine klassische Einkommensquelle für Auswanderer sind Sprachkurse, wobei hier natürlich auf die Nachfrage zu achten ist. Ob man mit Deutschstunden auf dem freien Markt besonders viel Geld verdienen kann, ist zu bezweifeln. Kommt man indes in einer Schule unter, kann man ein recht anständiges Stundenhonorar (um die 30$/h) ergattern. Ansonsten ist der Blick in lokalen Jobbörsen immer empfehlenswert. Neben richtigen Jobs werden hier oft auch Nebenjobs oder sonstige Nebenerwerbsmöglichkeiten angeboten. Indeed.com oder snagajob.com sind große Seiten.

Jobs für Aussteiger??? Ja, aber...

Diesen Abschnitt habe ich explizit für Menschen geschrieben, die keine spezifische Berufsausbildung haben und demnach als Unqualifizierte in einen Job einsteigen müssen. Vorab eine gute Nachricht: Es ist in den USA nicht schwierig in einen Beruf ein- und in diesem aufzusteigen, wenn man bereit ist, anständige Arbeit zu leisten. Pünktlichkeit, Ehrlichkeit, Loyalität und eine gute Arbeitsmoral öffnen einem praktisch jede Türe. Insgesamt wird hier eher auf das Können als auf den Nachweis desselben geachtet. Wer etwas kann, der kann auch davon leben – Zeugnisse, Diplome und Urkunden erleichtern zwar den Einstieg, sind aber kein Garant für einen gutbezahlten Job. Viele gesetzlich verlangte Qualifikationen kann man zudem on the job erwerben.

Der Job eines Aussteigers hat den einzigen Zweck, dessen Lebensunterhalt mit dem geringst möglichen Aufwand an Zeit und „Arebeit" zu bestreiten. Ein Job auf Minimum wage Basis mag zwar eine Einzelperson mit wenigen Arbeitsstunden pro Tag erhalten, genügt aber nicht, eine Familie zu ernähren, außer man ist bereit, in Vollzeit zu arbeiten oder der Job bringt spezifische Vergünstigungen mit sich, die den niedrigen Lohn kompensieren. Wer beispielsweise in einem Supermarkt arbeitet, wird zwar nur um die 10$/h erwarten dürfen, erhält aber meist einen Einkaufsrabatt. Da Lebensmitteleinkäufe vermutlich die größte Position im Budget des Aussteiger darstellen, schauen wir uns einige Employee discounts bei entsprechenden Händlern an.

Bei Stop&Shop wären das 5% auf den Einkauf.
Bei Target 5%, die mit einer Target Red Card um weitere 5% aufgestockt werden können – das ist schon etwas.
Walmart gewährt nach einer Probezeit ebenfalls 10%, jedoch nicht auf das gesamte Sortiment.
Albertsons gibt 10% auf die eigenen Produkte, 5% auf allen anderen.
Kroger räumt 10% auf die eigenen Produkte ein. Für fremde Waren gibt es keinen Rabatt.
Costco gibt 2%.

Hypothetisch man hat 800$ Ausgaben für Lebensmittel und erhält 10% wären das 80$/M extra. Das ist nicht viel, aber immerhin etwas. Über das Jahr summiert sich der Rabatt auf knapp 1000$ – ein Extra Gehalt, wenn man so will und alles steuerfrei.

Wer mit wenigen Arbeitsstunden zurecht kommen möchte, dem bleibt meines Erachtens nichts anderes übrig, als sich einen besser zahlenden Job zu suchen. Man muss freilich nicht gleich Oberarzt werden, um gut über die Runden zu kommen. Auch als Raumpfleger oder Nachtwächter kann man einigermaßen gut verdienen. Die nötigen Qualifikationen erwirbt man beim Arbeitgeber und der Verdienst ist besser als in Deutschland. Raumpfleger/Reinigungskräfte können hier leicht mit 14$/h beginnen, gleiches gilt für

Sicherheitspersonal. Nachtschichten werden noch besser vergütet. Dazu kommen diverse Boni (z.B. für besonders gute oder schnelle Arbeit, für kurzfristige Verfügbarkeit und die Bereitschaft auch mal eine Stunde länger zu bleiben, wenn Not am Mann ist usf.), die man nach Absprache mit dem Arbeitgeber ergattern kann.

25. Besonderheiten im Umgang mit dem Amerikaner in freier Wildbahn

Zunächst einmal muss ich sagen, dass es *den* Amerikaner natürlich nicht gibt. Man hat es hier wie überall auf der Welt mit sehr vielen, sehr unterschiedlichen Individuen zu tun. *Der* Amerikaner ist weder mit einer Regierung, noch mit einem bestimmten Lebensstil, noch mit einer bestimmten politischen oder religiösen Ideologie, noch mit sonst irgendetwas pauschal identifizierbar. Tatsächlich ist sogar das Gegenteil der Fall. *Der* Amerikaner ist nämlich typischerweise Abkömmling eines Immigranten, der irgendwann von irgendwoher in die Vereinigten Staaten kam. Diese immanente Vielfalt an kulturellen Einflüssen, die den Bodensatz der amerikanischen Gesellschaft bilden, ist durchaus noch im Alltag spürbar. Behandeln Sie darum jeden Menschen in der ihm zukommenden Art und Weise. Freundlichkeit, Zurückhaltung, Respekt und Hilfsbereitschaft werden Ihnen überall und zu jeder Zeit die Sympathien Ihrer Mitmenschen gewinnen. Behandeln Sie jedermann so, wie sie selbst behandelt werden möchten und Sie werden nirgends Schwierigkeiten haben.

Die USA ist ein riesenhaftes Gebilde, das in sich selbst ganz unterschiedliche kulturelle Subsysteme, lokale und regionale Dialekte sowie Mentalitäten ausgebildet hat. Wie der Ostfriese mit einem Münchner, der Berliner mit einem Schweizer Alpenbewohner, der Wiener mit dem Dortmunder alles oder gar nichts gemein hat, so ist das auch in der Neuen Welt und hier vielleicht sogar noch extremer, weil wir es mit einem größeren Land und mehr Menschen innerhalb des selben Sprachraums zu tun haben. Dennoch möchte ich einige Erfahrungen aus meinen ersten Monaten in den USA teilen.

In den Neuenglandstaaten, wo ich mich aufhalte, lebt es sich, was die alltäglichen Routinen angeht, praktisch wie in Europa, nur das alles irgendwie größer wirkt. Die Natur ist herrlich, mit riesigen Wäldern, Bergen und gewaltigen Strömen. Alles scheint hier wilder und weiter. Die Umwelt ist weniger domestiziert, so kann es durchaus sein, dass man Rehe auf seinem Grundstück sieht oder ein Bär einem die Mülltonnen ausräubert. Die Menschen sind gemeinhin höflich und hilfsbereit, aber selten euphorisch oder überschwänglich. Kühles mitteleuropäisches Understatement herrscht hier. Man lächelt, hält aber seine Distanz, lässt den Nebenmann in Frieden. Die gebräuchlichen und inflationär benutzten Höflichkeitsfloskeln, die einem ständig um die Ohren schlagen, muss man freilich zu ignorieren lernen. Wenn der Kassierer sich artig nach dem Wohlergehen erkundigt „How are you today, Sir?" will er damit nur Höflichkeit signalisieren und kein echtes Gespräch anknüpfen. An dieser sonderbaren Art formalisierten Smalltalks muss man sich gerade als Deutscher gewöhnen, wo jedes Wort schwer wiegt und kein Satz ohne echte Bedeutung ausgesprochen wird. Nach einer Weile gibt man automatisierte Antworten – unverbindliche Höflichkeit trifft unverbindliche Höflichkeit. Man lächelt, während man antwortet: „I´m very good. How are you?" „Pretty well, Sir." Danach ist das Gespräch normalerweise bis zur Verabschiedung vertagt.

Besonders positiv hervorzuheben ist die Hilfsbereitschaft der Amerikaner. Diese ist außerordentlich ausgebildet und reicht erstaunlich weit. Dem Nachbarn mit Rat und Tat beizustehen, ist so selbstverständlich, wie zu spenden oder karitativ in der Gemeinde oder Kirche tätig zu sein. Dass diese Hilfsbereitschaft, dieser scheinbar grenzenlose Altruismus nicht immer aus purer Menschenliebe erwächst, muss ich nicht extra erwähnen. Vor allem in den attraktiven Vorstadt – oder Landgemeinden besteht zweifellos ein gewisser sozialer Druck, der durch die fast zwangsläufige Verflechtung von Privatleben und Öffentlichkeit noch gesteigert wird und seinem Wesen nach sehr an den weber´schen Protestantismus erinnert – ein sehr lesenswertes Stück Sozialphilosophie übrigens, sehr erhellend.[1] Ich habe mir sagen lassen, dass die

---

1 Weber, Max: Die protestantische Ethik und der Geist des

amerikanische Hilfsbereitschaft aus den Zeiten der Landnahme herrührt, wo Kooperation unter Fremden lebensnotwendig war. Diese Kooperation um Willen eines größeren Zieles (sprich: Frontier) wurde zum treibenden Motiv der amerikanischen Kultur.[2]

In den dichter besiedelten Ortschaften, vor allem in der Nähe größerer Städte, nimmt dieser Sozialdruck merklich ab und weicht einer nicht unangenehmen Anonymität. Natürlich sinkt auch die Hilfsbereitschaft. Dafür kann man völlig unbehelligt leben. Das hat Vor- und Nachteile, wie man sich vorstellen kann, und ist letztlich Geschmackssache.

Erfreulich finde ich, dass abweichende Meinungen grundsätzlich sehr tolerant gehandhabt werden. Dass wir unsere Kinder zuhause unterrichten, hat außerordentlich viel Zuspruch gefunden. Wir wurden mehrfach gefragt, wie wir dies und jenes machen oder mit bestimmten Situationen umgehen. Dieses fast kindliche Interesse an allem, was neu und unbekannt ist, scheint mir eine der besten Eigenheiten der „amerikanischen" Mentalität zu sein. Man probiert hier gerne aus und geht Risiken bereitwillig – und manchmal auch etwas zu leichtfertig – ein. Wer scheitert, wird nicht stigmatisiert, sondern findet bei seinen Mitmenschen, Teilnahme, Anerkennung und Respekt – vor allem, wenn er sich wieder aufrappelt und weitermacht. Wer sich dagegen gehen lässt, kann schneller als in Deutschland ins soziale Abseits geraten. Selbst die weitreichende Hilfsbereitschaft der Amerikaner hat Grenzen und jenseits dieser Grenzen ist es, wie ich mir von einem ehemaligen Alkoholiker habe erklären lassen, sehr, sehr einsam. Die sozialen Auffangsysteme sind weniger entwickelt als in Deutschland, dementsprechend fällt man hier tiefer, wenn man nicht vorgesorgt hat.

Eine weitere kindlich anmutende Eigenheit der Amerikaner ist ihr Hang, spielerisch mit dem Leben umzugehen. Die Betonung liegt hier eindeutig auf

Kapitalismus.
2 Ich beziehe mich hier auf die sog. "Frontier Thesis" die Frederick Turner in seinem 1893 erschienenem Essay "The Frontier in American History" aufgestellt hat.

„spielerisch" und ist keineswegs mit der südländischen Unbeschwertheit – der ja ein Gran Melancholie innewohnt, wenn man ganz ehrlich darauf blickt – zu verwechseln. Amerikaner spielen für ihr Leben gern und sie nehmen das Spielen ausnehmend ernst. Kaum ein Haus, das nicht eine Man cave besitzt, einen designierten Bereich, in dem die Herrn der Schöpfung ihren sehr männlichen und sonderbaren Hobbies nachgehen können. Sportsbars gibt es in Hülle und Fülle, ebenso Shooting ranges, Go-Kart-Bahnen, Vergnügungsparks, Kasinos und was das Herz nicht alles begehrt. In einer Mall habe ich einen Barbershop gesehen, in dem man einen Haarschnitt bekommen kann, während auf einem halben Dutzend riesiger Flachbildschirme Sportsendungen übertragen werden. Dazu wird Bier und Whisky getrunken – allerdings besteht striktes Rauchverbot. Selbstverständlich arbeiten dort nur echte Kerle mit Bärten und einer entschiedenen Meinung zum letzten Footballspiel. Der Haarschnitt als soziales Event und Gender statement... Wem es gefällt.

Auffällig und vielleicht ein wenig irritierend auf den ersten Blick sind die vielen amerikanischen Flaggen, die etliche Häuserfronten und praktisch alle öffentlichen Gebäude zieren. Im Gegensatz zu Deutschland, wo (beflaggter) Nationalstolz außerhalb der Fußballweltmeisterschaft ein anrüchiges und mithin verdächtiges Gefühl ist, hält man in den USA viel auf einen gesunden *Patriotismus*. Die Flagge ist ein Symptom dieser Befindlichkeit. Die Vereinigten Staaten sind in den Augen der meisten Amerikaner das beste, stärkste, schönste Land in der Welt und in der Geschichte – der Zenit menschlicher Entwicklung. Ob sich der Patriotismus im Einzelfall in stupiden Parolen ergeht oder intellektuell aufgearbeitet daherkommt, macht an sich keinen großen Unterschied. Entsprechend sollte der Immigrant mit Kritik an den Werten seiner neuen Heimat und vor allem ihren außenpolitischen Entscheidungen vorsichtig sein. Wir sind alle Gefangene unserer politischen Perspektive; und dass die europäische sich von der amerikanischen in gewissen Aspekten unterscheidet, scheint selbsterklärend.

Der alles tragende Grundwert der USA ist das radikale Konzept individueller Freiheit gegenüber institutioneller Einmischung. Live free or die – lautet das für den sensiblen Europäer vielleicht etwas archaisch anmutende Motto des Bundesstaates New Hampshire. Man sieht es auf jedem Nummernschild, und mit der Zeit geht es einem wirklich unter die Haut. Dass diese Freiheit äußerst unterschiedlich und teilweise auch paradox definiert wird, dass sie nicht nur der zu schützende Hauptwert der Gesellschaft, sondern gleichsam ein Stein des allgemeinen Anstoßes ist, daran muss man sich als Europäer gewöhnen. Ratsam ist es, behutsam in die teils sehr hitzig geführten Debatten einzusteigen. Fremden gegenüber sollte man diesen Themen sicherheitshalber erst einmal aus dem Weg gehen.

Achtung!
Verfängliche Konversationsthemen meiden

Rassismus: Dieser Begriff wird hier insgesamt viel weiter und indifferenter gebraucht als in Deutschland. So bezeichnet er nicht nur die ungerechtfertigte Bevorzugung oder Benachteiligung von Menschen aufgrund ihrer Hautfarbe, sondern auch aufgrund ihrer Religion, ethnischen Herkunft, Lebensphilosophie, Ideologie usf.

Gender: In Deutschland noch im Werden begriffen, hat der Genderwahnsinn hier schon weit um sich gegriffen. Dabei geht hier nicht nur um Rolle der Frau in der Gesellschaft (Feminismus), sondern um die Frage (und Kritik) der gesellschaftlichen Determiniertheit individueller Geschlechtlichkeit. Ein Beispiel: Im Herbst 2016 wurde die Diskussion heiß geführt, ob es Männern, die sich als Frauen identifizieren, erlaubt sein sollte, Frauentoiletten zu benutzen. Ein anderes Beispiel: Die Gemeinde New York City anerkennt offiziell 31 (!) verschiedene Geschlechterspezifikationen. Lassen Sie die Finger von diesem Themenkomplex, wenn Sie keinen vernünftigen Gesprächspartner vor sich haben. Es kann hier schnell heiß zugehen.

Die Anschläge vom 11. September: Auch ein heißes

Eisen, vor allem, wenn Sie an der offiziellen Darstellung der Ereignisse Zweifel haben.

Demokraten und Republikaner: In Zeiten des Wahlkampfes, vor allem wenn es um das Amt des Präsidenten geht, teilt sich das Land in zwei Stämme, die mit allen rhetorischen Mitteln versuchen, die andere Seite zu diffamieren, um den dritten Stamm, die Uninteressierten und Unentschiedenen, auf ihre Seite zu ziehen. Wenn man aus Deutschland kommt, kann einen die Härte und Brutalität, mit denen hier in der politischen Arena aufeinander los gegangen wird, schon übel aufstoßen. Um so erstaunlicher empfindet man es dann, wenn nach der Wahl praktisch alles über Nacht vergeben und vergessen ist. Was den letzten großen Wahlzirkus anbetrifft, darf man sich hier nicht von der teils sehr prätentiösen Berichterstattung in die Irre führen lassen. Die allermeisten Amerikaner akzeptieren die Wahl des Präsidenten, auch wenn sie ihnen vielleicht nicht passt. Das ist eben Demokratie. Die schwarzgekleideten, meist jugendlichen Randalierer machen eine verschwindende Minderheit aus, der unverständlicherweise enorme mediale Aufmerksamkeit entgegengebracht wurde. Man glaubt fast, dass die USA unmittelbar vor einem Bürgerkrieg stehen. Dem ist aber nicht so. Eine der letzten Umfragen (Februar 2017) hat vielmehr ergeben, dass die durchschnittliche Lebenszufriedenheit einen neuen Höchststand erreicht hat. Kein Grund zur Panik also – im Westen nichts Neues.

Abortion: Ein weiterer, heftig diskutierter Topos ist die Abtreibung. Die Lager spalten sich in Pro-Life (Abtreibungsgegner) und Pro-Choice (Abtreibungsbefürworter). Anders als aus Deutschland bekannt, wird auch hier mit sehr harten Bandagen gestritten. Polemik und Diffamierung gehören zur akzeptieren Argumentationsweise. Das „feindliche" Lage wird regelrecht dämonisiert. Man darf sich indes nicht über den bestehenden Grundkonsens hinwegtäuschen lassen. Auch wenn medial viel Lärm gemacht wird, wenn auf der einen Seite Frauen mit der Anzahl ihrer Abtreibungen angeben, während auf der *anderen Seite gefordert wird, das im Zweifel das Leben der Mutter hinter dem des Ungeborenen steht, weil Jesus, Allah oder der Papst es eben so wollen, ist das Grundverständnis doch, dass eine Abtreibung für sich genommen schon eine schreckliche Sache ist, die es am besten von vorneherein zu verhindern gilt.*

<u>Islam/ Terrorismus</u>: Diese Debatte ist aus Deutschland wohl hinlänglich bekannt. In den USA wird sie auf beiden Seiten mit schärferen Waffen geführt, wobei wieder auf den common sense hingewiesen werden muss: Niemand hat hier etwas gegen Menschen, nur weil sie einer bestimmten Religion angehören. Man fürchtet sich vor einer kleinen Zahl von Irren, die sich in der großen friedlichen Herde verstecken. Auf der anderen Seite würde niemand uneingeschränkten und vor allem unkontrollierten Zugang in das Land gewähren. Man muss, wie gesagt, die Debatte und ihre Argumente im eigentlichen Wortlaut nachvollziehen und darf sich nicht von Schlagzeilen, inhaltsentstellenden Verkürzungen oder aus dem Kontext gerissenen Zitaten verwirren lassen.

26. Budgetplanung

Um auszuwandern muss man nicht reich sein, aber ganz umsonst ist es auch nicht. Vor allem der Umzug und das Fußfassen in der neuen Heimat kosten Geld. Im Folgenden spreche ich aus eigener Erfahrung. Wenn Sie einen anderen Lebensstil pflegen, mehr oder weniger Kapital zur Verfügung haben oder Ihr Budget schlichtweg anders verplanen bzw. ihre Ressourcen anders verteilen, ignorieren Sie meine Erwägungen. Diese basieren auf einem über die Jahre gewachsenen, sehr bescheidenen und auf das Wesentliche beschränkten Lebensstil. Entsprechend liegen die Prioritäten. Wichtig ist uns ein Höchstmaß an persönlicher Freiheit. Dazu gehört vor allem einmal finanzielle Unabhängigkeit. Diese wiederum beginnt mit dem eigenen schuldenfreien Haus – das galt schon in Deutschland. In der speziellen Situation, in der man sich aus Aus- bzw. Einwanderer wiederfindet, kommen noch Fragen der anfänglichen Lebenshaltung dazu. Zunächst ist man praktisch gezwungen, von seinem Kapital zu leben, bis man beginnt, ein Einkommen zu generieren, das die Ausgaben deckt. Wandert man beruflich aus, d.h. man hat bereits einen Job in den USA, ist diese Übergangsphase mithin recht kurz und gut planbar. Wandert man ohne Job aus, muss man über ein entsprechendes monetäres Kissen verfügen. Wie dick dieses sein sollte, hängt von der Anzahl der zu ernährenden Personen und von der je individuellen Lebensweise ab. Ich halte es für sinnvoll die kompletten Ausgaben für ein Jahr in der Hinterhand zu behalten. Dass ist freilich ein recht konservativer Ansatz, aber als Familienvater neige ich in dieser Sache eher der sicheren Seite zu.

Was das Fußfassen anbelangt, sind die größten Positionen

1. das eigene Haus
2. die Lebenshaltung für das erste Jahr
3. die Einrichtung einer funktionalen Hauswirtschaft

4. ein fahrbarer Untersatz

Punkt 1 haben wir bereits abgehandelt. Steigen wir also gleich in das Budget der Lebenshaltung ein.

Was die *Lebenshaltungskosten* angeht, so sind diese, wie bereits beschrieben, höher als in Deutschland. Statistisch hat ein verheiratetes Paar mit zwei Kindern einen monatlichen Gesamtbedarf von gut 5000$. Diese Zahl ist freilich extrem variabel. Wenn sie in New York City auf Miete wohnen werden Sie bedeutend höhere Kosten haben, als wenn Sie in Kentucky auf dem Land in einem Trailer residieren.

In diesen statistischen 5000$ sind folgende Positionen enthalten:

Position	Kosten/M	Kommentare
Childcare	1000$	Vor allem in Städten teuer
Groceries	800$	incl. Drogerieart.
Housing	800$	Rent/Mortgage
Healthcare	800$	Ohne Medicaid
Taxes	600$	Sehr variabel
Transport.	600$	Zwei Fahrzeuge
Sonstiges	400$	
Budget	**5.000$**	

Wie gesagt, die Zahlen sind statistisch, d.h. sie bilden den je individuellen Einzelfall nicht akkurat ab. Auf der anderen Seite geben sie einen recht adäquaten Eindruck der größten Kostenpositionen. Dem gegenüber möchte ich mein eigenes (ungefähres) Budget stellen.

Childcare	0$	Homeschooling
Groceries	800$	(auf unter 600$ senkbar)
Housing	200$	Nur Instandhaltung

Healthcare	0$	Selbstzahler!
Taxes	400$	Property Tax!
Transport.	100$	Ein Fahrzeug/ min. Vers.
Sonstiges	100$	

Budget 1.600$

Man sieht also, das auch hier ein entsprechender Lebensstil enorme Einsparungen bringen kann. Doch selbst trotz dieser Einsparungen ist der monatliche Bedarf an monetären Mitteln höher als in Deutschland, was die Anpassung der Einnahmen zur Priorität macht – auch hierüber sprachen wir.

Für das erste Jahr haben wir 25.000$ zur Seite gelegt. Da wir bereits nach dem dritten Monat angefangen haben, Einnahmen zu erzielen, werden wir mit dieser Summe gut zurechtkommen. Müsste ich das Budget nochmals berechnen, würde ich pauschal weitere 10% hinzufügen, da ich viele Zusatzkosten am Anfang (Bürokratie, Einrichtung) unterschätzt habe.

Unsere Rechnung funktioniert freilich nur, weil wir sehr schnell ein Haus gekauft haben. Wer auf Miete wohnt, hat mit massiven Mehrkosten zu rechnen, selbst wenn er sich billigst einmietet.

Die *Erstausstattung* und Einrichtung einer funktionierenden *Hauswirtschaft* ist gleichfalls eine Position, die häufig unterschätzt wird. Zwar werden bei einem Hausverkauf üblicherweise die Appliances wie Kühlschrank, Waschmaschine und Herd (und Vorhänge...) mitverkauft, ob und wie lange diese Stücke funktionieren, steht indes auf einem anderen Blatt geschrieben. Man sollte also ein paar Dollar zur Seite legen. Wo man günstig Appliances besorgen kann, haben wir verhandelt. Aber selbst, wenn man gebraucht kauft, können hier schnell einige hundert bis tausend Dollar zusammenkommen. Auch kann eine dieser Gerätschaften einfach so ihren Geist aufgeben. Mir etwa ist der Kühlschrank gestorben. Für den Ersatz musste ich insgesamt knapp 200$ aufbringen. Das klingt zwar nicht nach viel, wenn man es aber auf das monatliche Budget umrechnet, hat man es mit über 10% zu tun. Das spürt man. Fallen mehrere dieser Anschaffungen an, kann der Finanzplan schnell unter Druck geraten. Freilich: Eine Spülmaschine braucht es nicht unbedingt. Doch Herd und Kühlschrank gleich unter welcher Gestalt sind notwendig. Kleinere Modelle sind gangbare Behelfslösungen. Auf kurz oder lang wird man aber am Kauf alltagstauglicher Geräte kaum herumkommen.

Teurer als Appliances sind zweifellos *Möbel*, vor allem wenn mehrere Betten angeschafft werden müssen. Auch über dieses Thema wurde gesprochen – wer warten bzw. sich mit Stückwerk abfinden kann, dem ist der Besuch von lokalen Goodwill Stores oder deren Äquivalenten angeraten. Problematisch sind Schlafmöbel. Vor allem Matratzen sind kostspielig und gehören zu den Dingen, an denen man nicht unbedingt sparen sollte und die gebraucht zu erwerben, heikel sein kann. Eine vernünftige Matratze, Bettzeug und Billig-Bett-Lösung wird pro Kopf wenigstens 400$ kosten, vermutlich mehr. Für einen vier Personen Haushalt kommen dementsprechend schnell an die 2.000$ zusammen – fast 10% des veranschlagten Jahresbudgets. Daher sollte man ernsthaft überlegen, ob es sich nicht lohnt, Matratze und Bett aus Deutschland mitzunehmen, bzw. noch vor der Abwanderung günstig zu erwerben.

Achtung!
Bettwäsche!

Wenn Sie Ihre Betten mitnehmen, nehmen Sie auch genug Bettwäsche mit. Die Größen in den USA (Queensize, Kingsize) sind anders als die deutschen Standdardmaße.

Ein *fahrbarer Untersatz* ist in den USA unerlässlich. Sparen lässt sich, wenn man gebraucht kauft, das Fahrzeug minimal versichert und ein robustes Fabrikat in gepflegtem Zustand wählt. Doch selbst, wenn man diese drei Ratschläge befolgt, ist man nicht vor Mehrkosten gefeit. Problematisch ist zudem, dass sich die meisten

Reparaturen nicht selbst erledigen lassen, wenn man nicht gerade ein gelernter KFZ-Mechaniker oder zumindest ein versierter Amateur mit dem entsprechendem Spezialwerkzeug ist. Früher war das Herumschrauben am besten Stück noch üblicher. Modernere Fahrzeuge sind allerdings derart mit Elektronik überladen, dass man wohl besser beraten ist, einen Facharzt zu konsultieren.

2.000-4.000 sollte man für einen guten Gebrauchten (Anschaffung+ ein Jahr Versicherung/ Instandhaltung) rechnen, auch wenn man durchaus darunter bleiben kann. Sicher ist sicher.

27. Was kostet der Sprung in die Neue Welt?

Grob und über den Daumen sind folgende Positionen innerhalb der jeweiligen Phasen in die Rechnung mit aufzunehmen, wobei die individuellen Neigungen und Vorlieben natürlich unberücksichtigt bleiben müssen. Ich gehe von den je günstigsten und gangbarsten Optionen aus. Also, wir buchen den günstigst möglichen Direktflug, mieten einen Kleinwagen usf.

1. Phase: Transfer (Abreisetag + 1. Woche)

Die Kosten des Visas (nebst Dokumentenbeschaffung, Porto und Anfahrtskosten für das Interview im Konsulat)
ca. 1000€/P

Flug (Nebst Transport zum Flughafen)
ca. 500€/P

Umzug
ca. 2000€/P

Mietwagen (1 Woche + Sprit)
ca. 250€

Hotel/Pension
ca. 350€/P

Verpflegung
ca. 250€/P

Über den Daumen macht das...
ca. 4350€/P

Wenn Sie als Familie auswandern, nehmen die Kosten pro Person freilich ab. Zwei Kinder können in einem Zimmer untergebracht und mit einem Mietwagen transportiert werden. Unser Umzug geschah mit einem 40ft. Container. Wir bewegten praktisch den gesamten Hausstand, um später Kosten für die neuerliche

Einrichtung einzusparen. Umgekehrt müssen Sie nach der Transferphase, wenn Sie sich häuslich einrichten, ggfs. mehr für Möbel usf. ausgeben, was die Ersparnis eines kleineren Umzugs negiert. Man muss rechnen, was für den eigenen Fall das je Angemessene ist. Wir (zwei Erwachsene + zwei Kinder) haben für den kompletten *Transfer* etwa knapp 13.000€ ausgegeben. Das geht sicherlich bedeutend billiger.

2. Phase: Gründung eines Hausstands

Auch hier sind die Variablen praktisch unüberschaubar. Wenn Sie sich in New York niederlassen, werden Sie höhere Kosten haben, als wenn Sie Ihre Zelte irgendwo in der Prärie aufschlagen. Auch lasse ich unberücksichtigt, ob Sie sich eine Immobilie kaufen oder eine Mietwohnung nehmen. Bei der Erstausstattung des Haushalts gehen wir nun davon aus, dass Sie das Mobiliar in Deutschland zurückgelassen haben. Ihre Einkünfte werden natürlich auch nicht berücksichtigt – wir rechnen rein kostenseitig. Weiterhin ist die Währung ab jetzt in Dollar. Um einen zusätzlichen Puffer in Ihre eigene Kalkulation einzubringen, empfiehlt es sich die Währung grundsätzlich 1:1 (Stand Januar 2017) umzurechnen. Besser, wenn am Ende ein wenig übrig bleibt als umgekehrt.

Erstausstattung für den Hausstand (Bett, Grundausstattung Möbel, Küchengeräte)
ca. 2.000$

Fahrzeug (gebraucht, untere Mittelklasse Sedan, inkl. Versicherung, Reparaturen)
ca. 2.000$

Lebenshaltung für 1 Jahr (inkl. Miete)
ca. 12.000$

Diverses (10% der Lebenshaltung für das 1. Jahr)
ca. 1.200$

Über den Daumen…
ca. 17.200$/P

Bei einem Umzug mit der gesamten Familie sind die Postionen wiederum anzupassen.

28. Auswandern? Ein kleineres Unterfangen als es den Anschein hat

Transfer und Fußfassen in der neuen Welt kann also mit irgendetwas um die 20.000$ für eine Person veranschlagt werden. Wir als vierköpfige Familie werden im genannten Zeitraum voraussichtlich um die 35.000$ verbrauchen. Das klingt viel, doch die Zahl täuscht. Man darf nämlich nicht übersehen, dass man ja in Deutschland auch entsprechende Kosten zu tragen hätte. Die größte Position macht die Lebenshaltung aus und gelebt hat man in der alten Welt ja auch. Weiterhin lasse ich außer Acht, dass Sie aller Wahrscheinlichkeit nach schon innerhalb der ersten 2-3 Monate anfangen werden, ein Einkommen zu erwirtschaften. Dazu kommt, dass Sie einen gewissen Teil Ihres Hausstandes in Deutschland, so z.B. Ihr Fahrzeug, verkaufen werden, was zusätzliche Mittel freimacht. All things considered, kann man also guten Gewissens sagen, dass der Sprung von der einen in die andere Welt mit vergleichsweise überschaubarem Kapital zu bewältigen ist. Wenn Sie in Deutschland ein Haus besitzen, werden Sie das auch in den USA können. Bedenken Sie außerdem die Myriaden von Menschen, die seit Jahrhunderten als Einwanderer in die USA kamen und noch immer kommen. Viele von Ihnen brachten nichts mit, als ein paar abgeschabte Koffer mit ihren Habseligkeiten. Im Vergleich zu jenen, scheint mir, haben wir leichtes Spiel. Warum also nicht den Sprung wagen?

29. Was das Auswandern mit einem macht. Noch ein ehrliches Wort zum Ende.

Das Land, in dem man aufgewachsen ist, auf Dauer, vielleicht auf immer zu verlassen, ist eine tiefgreifende Entscheidung, die reichlich überlegt sein will. Wer auswandern möchte, um persönlichen Problemen zu entkommen, findet oft in der Fremde die Ursache seines Ungemachs allzu schnell wieder – sich selbst. Ja, man wird sich selbst nicht los, man nimmt sich mit, das gilt es zu bedenken. Weglaufen hilft nicht, Auswandern löst keine Probleme, sondern stellt eine Herausforderung dar, die zu bewältigen Kraft und Ausdauer kostet.

In meinem Fall, ich kann ja immer nur aus meiner Perspektive berichten, war die Sache weniger anstrengend als gedacht, hat dafür aber länger gedauert als erwünscht. Der ganze Prozess, also vom gefassten Entschluss, über den Teich zu springen, bis zu dem Punkt, wo man in den eigenen vier Wände einigermaßen eingerichtet sitzt und so etwas wie Alltag wieder eingekehrt ist, hat etwa ein Jahr gedauert. Das ist eine bedeutende Investition an Zeit!

Erfreulicherweise haben die Kinder das Auswandern ziemlich gut überstanden. Ich möchte sogar soweit gehen und behaupten, sie haben das Abenteuer regelrecht genossen. Nur der Flugtag war anstrengend, da lang und mit vielem sitzen verbunden, aber sonst... Die lieben Kleinen! Sie kennen ja nicht die Sorgen und Kümmernisse, die ein reiferes Alter sonderbarerweise mit sich bringt (sollten wir nicht mit jeder weiteren Umrundung der Sonne entspannter und gelassener werden?). Für meine Erben war der Tumult neu und spannend und amüsant. Sicher: Wir haben alles getan, um ihnen den Transfer so einfach die möglich zu gestalten. Doch ihre unerschütterlich positive Grundhaltung war dennoch erstaunlich. Als ich einmal aus lauter Frustration gedroht habe: „Dann müsst Ihr eben in einem Zelt schlafen" erhielt ich prompt zur Antwort: „Oh ja, in einem Zelt! Bitte, bitte!"

Meine Frau litt etwas mehr. An was litt sie? Oh, an Heimweh in der ersten Zeit. Das abendliche

Spaziergehen im Dorf, vorbei am Kirchturm, hinab zum Bach und am Friedhof wieder zurück zu unserem Häuslein, vor dem die Blumen in Blechkästen so beschaulich blühten – das alles gibt es hier in dieser Weise nicht. Hier gibt es anderes. Vieles davon ist fremd, seltsam, manches regelrecht abstoßend. Bei aller Ähnlichkeit in den Dingen des Alltags, ist es doch ein anderes Leben in den USA. Größer, schneller, bunter, lauter, oft auch oberflächlich, aufgesetzt. Man muss sich gewöhnen. Man gewöhnte sich. Nach einer Weile verging das Heimweh. Wir spazieren jetzt durch tiefe, wilde Wälder, besuchen Seen, Dämme, erklimmen Felsen, fahren einfach mal zum Strand (nur eine halbe Stunde Autofahrt!) – Dinge, wie wir in Deutschland nicht vor der Haustüre hatten. Man gewöhnt sich, man lernt zu lieben, was man hat. Es bleibt freilich eine bitter-süße Erinnerung an die alte Heimat. Erst in der Fremde spürt man, was man zurückgelassen hat.

Mein Alltag hat sich erstaunlicherweise nicht signifikant verändert. Ich „arebeite" ein wenig, lese, schreibe, verbringe wie in Deutschland viel Zeit mit den Meinen. Ich unterrichte meine Söhne und pflege nach wie vor einen bescheidenen, auf das Wesentliche beschränkten Lebensstil. Das ist alles, was ich je wollte. Mein selbstgebackenes Brot ist hier weiß, weil Roggenmehl teuer ist, da exotisch. Es duftet nichtsdestotrotz phantastisch und die Kinder lauern wie ehedem auf den Zeitpunkt, da ich den frischen Laib aus der Röhre ziehe. Wir haben einen Holzofen in unserem 200 Jahre alten Häuslein (das niemand wollte, weil es alt war, mit niedrigen Decken, renovierungsbedürftig – wir lieben seinen Charme, die gemütlichen kleinen Räume; auch der Preis zog uns natürlich an...), den wir in diesem Winter ausgiebig benutzt haben. Er strahlt die gleiche heimeliche Wärme aus, in deren Kreis sich allabendlich die Familie sammelt, um zu erzählen, zu lachen, zu schwatzen. Wir reden Deutsch zu hause, doch bemühen uns, das Englische perfekt zu erlernen. Vor allem die Kinder sollen die Sprache des Landes, das ihre Zukunft bereit hält, beherrschen. Nichts Neues im Westen also. Wenn ich einen Unterschied im Wahrnehmen des

eigenen Daseins benennen müsste, würde ich sagen, das Leben fühlt sich hier freier, ungezwungener an. Ich kann keine Beweise für die Richtigkeit meines Empfinden anführen und will das auch nicht. Ich kann nicht behaupten, dass es *wirklich* so ist. Aber viele US-Einwanderer scheinen sehr ähnlich gefühlt zu haben – Amerika, das neue, freie Land. Woran das liegen mag? Ich weiß es nicht, vielleicht ist es das Wasser...
    Das Auswandern hat unsere Sicht auf Vieles verändert. Unser Horizont hat sich sehr sprichwörtlich geweitet. Man vergleicht, wägt, wählt das Beste aus beiden Welten. Man wird sensibler für kleine Unterschiede. Man wird auch offener, flexibler. Diese Erfahrung ist positiv und sehr bereichernd. Auch haben wir gelernt, was es bedeutet, fremd zu sein, Fremde zu sein. Die Gefühle von Verlust, Entwurzelung, Verlorenheit sind uns nicht unbekannt geblieben. Wir haben vom ersten Tag an die Versuchung gespürt, uns in unsere kleine, häusliche Welt zurückzuziehen. Ich denke, das ist normal, wenn man sich plötzlich von Fremdheit umgeben weiß. Dieser Versuchung zu widerstehen, ist eine Herausforderung. Sich auf ein neues Land und ein neues Leben einzulassen, ist nicht leicht, vor allem, wenn einem ständig Dinge begegnen, die einem nicht passen, weil sie einfach nicht zu einem passen: Das große, schnelle, auf Kommerz und Genuss ausgelegte Leben ist nicht unbedingt meine Tasse Tee. Mein Hedonismus ist geistiger Art. So nippe ich nur, wo ich muss. Anderes, die Natur etwa, die Freundlichkeit der Menschen, die Weiten des Landes, die Möglichkeiten eines freien, selbstbestimmten Lebens – davon nehme ich tiefe, lange Züge. Alles in allem, passe ich mich an. Ich weiß, als Immigrant stehe ich in der Bringschuld – ich habe ja auch das Land gewählt, in dem ich nun lebe. Immigration is a privilege, not a right. Diesem Satz stimme ich zu.
    Würde ich es wieder tun? Auswandern? In die USA? Alles aufgeben und neu anfangen, auch wenn, sagen wir, Homeschooling in Deutschland legal wäre, wenn ich ein Stück Land mein eigenen nennen würde, wenn es keine lästige GEZ gäbe usf., wenn also keine konkreten

Gründen vorlägen, zu gehen? Ich würde es wieder tun. Schon um Willen des Abenteuers, der Erfahrung. Früher war Reisen ein Privileg der Reichen und Begünstigten. Goethe erforschte Italien, Byron den Orient, Humboldt Lateinamerika, Wharton das alte Europa – sollten wir da nicht das Privileg unserer modernen Zeiten nutzen und auch einmal im Ausland leben – nicht unbedingt als Student oder Arbeiter, sondern als...Reisender, Forschender? Es geht, warum also nicht es wagen?

30. Erste und zweite Hilfe

Vor allem von entfernteren Verwandten kam recht wiederholt folgende Frage: Wir habt ihr das alles so leicht geschafft. Also erstens, so leicht, wie es aussah, war es nun doch nicht. Die Kunst, erfolgreich und kostengünstig über den Teich zu springen, hat viel mit Organisation und Wissen zu tun. Ich gestehe, ich habe Hilfe in Anspruch genommen. Es ist klug, im Zweifel jemanden zu fragen, der mehr weiß als man selbst. Beim Hauskauf beispielsweise ist es für einen Ausländer manchmal nicht ohne Weiteres erkenntlich, ob eine Gegend gut oder schlecht ist. Aufschlussreich ist da eine Homepage: homefacts.com. Man gibt die Adresse ein und bekommt einen Haufen Informationen zu Kriminalität, Naturkatastrophen, Durchschnittseinkommen, Preisentwicklung, Qualität der Schulen usf. Aber wer kennt schon homefacts.com? Nun, jemand der sich auskennt.

Auf der anderen Seite wollte und konnte ich mich aus finanziellen Gründen nicht einer auf Einwanderung und Relokalisation spezialisierten Firma anvertrauen. Ich wählte einen Zwischenweg und fragte einen Mitarbeiter einer solchen Firma, der nebenberuflich auch Privatpersonen via Skype oder Telefon berät (er spricht fließend Deutsch). Vorab teilt man die zu besprechenden Themen mit und wird dann ausführlich gebrieft. Danach erhält man eine Email mit weiteren Informationen, Links, Ansprechpartnern usf. Eine einstündige Beratung kostet 120$, eine halbstündige 60$.

Die Emailadresse meines Beraters Claus Mills lautet: claus.j.mills@gmail.com, aber es gibt zweifellos noch andere Berater. Am besten sucht man Hilfe dort, wo man hinzuziehen gedenkt.

→ → →

Lesetipps

→ → →

Aussteigen – Light!

Ein familientauglicher Ratgeber wie man mit wenig Geld komfortabel lebt

von **Andreas N. Graf**

ISBN: 978-3-7386-5305-2
188 Seiten

Preis: Taschenbuch 11,90€ oder als E-Book: 3,99€

Zum Inhalt:

Gut leben mit sehr wenig Geld? Geht das? Klar doch! Es ist möglich und gar nicht mal so schwer, wenn man weiß, wie.
Dieses Büchlein zeigt anhand der alltäglichen Lebenspraxis einer vierköpfigen Familie, wie man es machen kann.
Ein witziger Ratgeber für alle, die sanft aussteigen wollen!
Ein Buch für
...Faulpelze und Philosophen.
...für Menschen, die weniger arbeiten und mehr spielen wollen.
...für Ungeduldige, die ihren Ruhestand nicht erwarten können.
...für Querdenker, die sich nicht unterordnen wollen.
...für Leute, die nicht viel vom Geldverdienen halten.

...für jeden, der mit wenig, sehr wenig Knete, gut leben möchte.

Gebrauchte Häuser kaufen und für (fast) lau herrichten

Ein Ratgeber für erfolgreichen Immobilienerwerb und –renovierung mit kleinem Geldbeutel

von **Andreas N. Graf**

ISBN: 978-3-7392-1890-8
171 Seiten

Preis: Taschenbuch 11,90€ oder als E-Book: 4,99€

Zum Inhalt:

Viele Menschen träumen vom eigenen Heim. Aber vier Wände und ein Dach darauf genügen den meisten verständlicherweise nicht. Es soll ein hergerichtetes Häuslein in guter Stadt(-rand)-lage sein - und das am besten zum unschlagbaren Schnäppchenpreis.
Diese irrealen Träumereien wird auch dieses Buch nicht wahr machen können – das will es auch gar nicht. Was es will, ist, zu zeigen, wie man mit extrem schmalen Budget zu einem passenden Haus in vernünftiger Lage kommen und wie man dieses wohnlich und komfortabel machen kann. Der Trick ist, sich von konventionellen Denk- und Handlungsmustern abzuwenden und neue, d.h. alte, traditionelle Wege zu beschreiten. Die wichtigsten Begleiter dabei sind ein gesunder Menschenverstand, Bescheidenheit und der Mut, sich seines eigenen Verstandes zu bedienen.
Vom Finden eines (wirklich) geeigneten Objekts bis zu Fragen des Heizens und Lüftens werden etliche zentrale Fragen rund um das Kaufen und Instandsetzen einer gebrauchten Immobilie behandelt.